# 西南交通大学本科实验教学质量保障工作手册

钟　冲　董艳云　宋世军　编著
西南交通大学实验室工作委员会　审

西南交通大学出版社
·成都·

图书在版编目（CIP）数据

西南交通大学本科实验教学质量保障工作手册 / 钟冲，董艳云，宋世军编著. —成都：西南交通大学出版社，2019.12
ISBN 978-7-5643-7328-3

Ⅰ. ①西… Ⅱ. ①钟… ②董… ③宋… Ⅲ. ①本科 - 实验教学法 - 教学质量 - 保障体系 - 成都 - 手册 Ⅳ. ①G649.2-62

中国版本图书馆 CIP 数据核字（2019）第 302236 号

Xi'nan Jiaotong Daxue Benke Shiyan Jiaoxue Zhiliang Baozhang Gongzuo Shouce
**西南交通大学本科实验教学质量保障工作手册**
钟 冲 董艳云 宋世军 编著

责任编辑 罗小红
封面设计 黄贵军 曹天擎

出版发行 西南交通大学出版社
（四川省成都市金牛区二环路北一段 111 号
西南交通大学创新大厦 21 楼）
邮政编码 610031
发行部电话 028-87600564 028-87600533
官网 http://www.xnjdcbs.com
印刷 四川煤田地质制图印刷厂

成品尺寸 185 mm × 260 mm
印张 6.75
字数 169 千
版次 2019 年 12 月第 1 版
印次 2019 年 12 月第 1 次
定价 48.00 元
书号 ISBN 978-7-5643-7328-3

# 《西南交通大学本科实验教学质量保障工作手册》

## 编 委 会

# 目　录

# 1　西南交通大学本科实验教学质量保障体系建设的重要性

## 1.1　西南交通大学本科实验教学概况

西南交通大学历来重视实验教学在本科人才培养中的地位。早在 1999 年，为进一步加强实验教学，从人才培养角度出发，学校将实验教学的管理从教务处划归给当时的装备与实验室管理处（现资产与实验室管理处），并明确了双方的管理权限和工作界面。在工作界面上，资产与实验室管理处负责实验教学的体系建设和实验大纲、实验项目和实验教材的建设，教务处负责实验教学计划的统筹安排。由于工作目标一致、职责明确、界面清晰，双方做到了工作中的相互支持和密切配合。这种将实验室建设、实验教学和实验队伍有机结合在一起的模式，不仅提升了实验教学的地位，更有利于创新性人才的培养。正因为学校的重视，实施“以软带硬，资源共享”的“323 实验室工程”、建设个性化实验室以及实施重点实验室向本科生开放才得以顺利进行，并在国家级实验教学示范中心的建设工作、虚拟仿真实验教学中心建设工作、虚拟仿真实验教学项目方面取得明显成效。

西南交通大学先后建成 8 个国家级实验教学示范中心：机械基础实验教学示范中心、力学工程实验教学示范中心、电气工程实验教学示范中心、物理实验教学示范中心、土木工程实验教学示范中心、交通运输实验教学示范中心、材料实验教学示范中心、轨道交通信息工程与技术实验教学中心。此外，学校还获批了 3 个国家级虚拟仿真实验教学中心：交通运输虚拟仿真实验教学中心、轨道交通电气化与自动化虚拟仿真实验教学中心、土木工程虚拟仿真实验教学中心。2017 年，国家启动了虚拟仿真实验教学项目工作，学校“高速铁路列车调度指挥虚拟仿真实验项目”当年被评为首批国家虚拟仿真实验项目；2018 年，“简支钢桁架静载非破坏性虚拟仿真实验”和“高速铁路虚拟场景建模与列车运行仿真实验项目”获批国家虚拟仿真实验项目。

由此，西南交通大学形成了以国家级重点实验室和国家级实验教学示范中心及虚拟仿真实验教学中心为龙头，省级重点实验室和省级实验教学示范中心及虚拟仿真实验教学中心为骨干，以基础课、技术基础课和专业课实验教学中心为基础，结构较为合理的实验室建设体系，为提升本科实验教学质量和水平提供了有力支撑。

## 1.2　西南交通大学本科实验教学质量保障体系建设的重要性

实验教学是本科教学的重要组成部分，是培养学生理论联系实际能力、创新实践能力、分析和解决问题能力的重要环节，在人才培养中占有重要地位。实验教学的根本任务是对学生进行实验方法和技能的基本训练，使学生掌握科学实验能力和现代实验方法，通过实验培养其严谨的科学态度，培养其分析问题、解决问题、理论联系实际的能力及综合创新能力。《教育部关于进一步深化本科教学改革全面提高教学质量的若干意见》(教高〔2007〕2号)要求“高度重视实践环节，提高学生实践能力。要大力加强实验、实习、实践和毕业设计(论文)等实践教学环节”;《教育部等部门关于进一步加强高校实践育人工作的若干意见》(教思政〔2012〕1号)明确提出“要全面落实本科专业教学质量国家标准对实践教学的基本要求，加强实践教学管理，提高实验、实习、实践和毕业设计(论文)质量”。2016年6月2日，中国成为国际本科工程学位互认协议《华盛顿协议》的正式会员，成为《华盛顿协议》的第18个正式成员。为深入贯彻全国教育大会精神和《中国教育现代化2035》，全面落实新时代全国高等学校本科教育工作会议精神，教育部于2019年9月29日印发了《教育部关于深化本科教育教学改革　全面提高人才培养质量的意见》(教高〔2019〕6号)。该文件共22条，对我们提出了更高的要求。该文件指出，“要提升学业挑战度，强化人才培养方案、教学过程和教学考核等方面的质量要求”，“着力打造一大批具有高阶性、创新性和挑战度的线下、线上、线上线下混合、虚拟仿真和社会实践‘金课’”。

如何建立健全实验教学质量保障体系，促进实验教学质量的提升，进而提高人才培养质量，是国内外新型工程教育发展新形势对高等教育，也是对西南交通大学提出的新要求与挑战。

# 2　西南交通大学实验教学质量保障体系的构建与实践

为建立健全支撑“双一流”建设的本科人才的实验教学体系和实验教学质量保障体系，学校梳理了多年来实验教学的主要做法，形成了具有西南交通大学特色的实验教学体系，也形成了一整套行之有效的方法流程来评估和保障实验教学质量，有效提升了学生的实践动手能力与实验创新能力。

## 2.1　西南交通大学实验教学体系

经过多年的探索与实践，为满足多元化教育，适应个性化发展，以“激发兴趣，夯实基础，加强综合，引导创新，自我发展”为出发点，西南交通大学构建了具有学校特色的“3 + 3”课内外实验教学体系，即课内面向所有学生的基础型、综合设计型和研究创新型 3 个层次，课外面向有兴趣爱好及优秀学生的个性化实验项目、重点实验室向本科生开放的工程实践项目、课外创新实验竞赛活动 3 个层次，如图 1 所示。

图 1　“3 + 3”课内外实验教学体系

为加强课内实验教学，学校于 2017 年以“加强基础、突出综合、注重创新”为出发点，按照“科学性、可行性、创新性”原则，结合西南交通大学本科人才培养方案，全面修订了实验教学大纲，改革实验教学内容，增加综合设计型实验内容；鼓励教师将实验教学与科研相结合，将科研工作的内容、研究方法和手段融入实验教学，使实验教学真正成为培养学生创新能力的重要环节。

此外，学校重点开展以学生为中心的 3 个层次的项目制的课外创新实验，在全国高校率先开展“重点实验室向本科生开放的工程实践项目”，鼓励设备资源共享，为各类学生课外科技创新活动提供支持（截至 2018 年，该项目已实施 15 期）；创建以研究型和创新型实验项目为主体的“个性化实验”项目，培养学生探索和创新精神（截至 2018 年，该项目已实施 12 期）；开展大学生课外科技创新实验竞赛活动，激发学生课外科技创新实验活动热情，充分发挥学校实验创新平台在培养学生实验创新能力中的重要作用（截至 2018 年，已举办 10 届）。

## 2.2 西南交通大学实验教学质量保障体系

实验教学质量保障体系是本科教学质量保障体系的重要组成部分。在遵循本科教学质量保障体系的总体构建原则（即“全面性原则”“多样化原则”“效率与效益原则”“发展与问责导向原则”），参照本科教学质量保障责任、本科教学质量保障责任划分、本科教学质量保障工作机制、本科教学质量保障文件体系及编号规则等基础上，结合学校实验教学管理模式，以促进“学生学习与发展”为目标，从学校、学院、实验室（中心）3 个层面，明确评价主体、责任主体和工作主体，建立质量标准，制定评价指标体系与实施方案，通过对实验教学大纲、实验课、二级教学单位实验教学工作的评价，注重持续改进，形成“评价→反馈→改进”不断迭代的过程，构建起具有交大特色、适合人才培养的实验教学质量保障体系。

学校为实验教学质量保障的评估主体，全面主导学校层面的本科实验教学质量保障工作。主管实验教学的副校长在校长的授权下，负责学校实验教学管理和实验室建设的相关政策的制定、调整和实施。资产与实验室管理处在分管副校长的领导下，开展全校本科实验教学工作的管理、监控、检查等工作。学校学术委员会授权实验室工作委员会主导全校本科实验教学质量保障工作。

学院等教学单位是实验教学质量保障的责任主体，对学院实施年度实验教学评估。建立健全学院内部实验教学质量保障体系。各教学单位在院长的领导和授权下以及教授委员会的指导下，由分管实验教学的副院长负责，具体完成实验教学的组织和实施。

各实验室（中心）是实验教学质量保障的工作主体。根据学院内部实验教学质量保障体系要求，负责本实验室（中心）所承担的实验教学任务的具体实施及实验教学质量的不断提升。

## 2.3 西南交通大学本科实验教学质量保障责任

本科实验教学质量保障体系的建立是学校、教学单位、实验室（中心）、教师与学生共同的责任。为不断提高本科实验教学质量，学校、教学单位、实验室（中心）、教师与学生应全员参与。

### 2.3.1 学校

#### 2.3.1.1 主管实验教学的副校长

主管实验教学的副校长在校长的授权下，在党委常委会和校长办公会议的领导下，负责学校实验教学管理和实验室建设的相关政策的制定、调整和实施。主管实验教学的副校长对本科实验教学应承担的具体责任有：

（1）协助校长全面贯彻党和国家的教育方针和政策，认真执行上级教育行政部门关于学校实验教学工作的指示，按照教育教学规律，负责组织管理实验教学教研工作。

（2）具体负责部署并指导学校全局性的实验教学教研工作。

（3）协助校长做好实验教师队伍的配备工作及考核工作。

（4）其他与学校实验教学相关的事宜。

#### 2.3.1.2 学校实验室工作委员会

学校实验室工作委员会代表学校学术委员会，主导本科实验教学的校级评估。

审核本科实验教学质量相关的文件和评估实施程序，确定评估方法，与各教学单位展开合作，做好实验教学质量的评估、反馈与指导。

根据评估结果，做好信息反馈工作，提出改进建议，跟踪并评估其持续改进情况。

#### 2.3.1.3 资产与实验室管理处

资产与实验室管理处在分管副校长的领导下，开展全校本科实验教学的管理、监控、检查等工作。

（1）根据《本科人才培养方案》，汇总各教学单位实验教学计划及实验教学大纲，并提交实验室工作委员会审核；

（2）负责实验教学基本运行经费的统筹管理；

（3）组织检查实验教学运行情况，负责制定实验教学考核指标体系，定期修订考核评价文件，并提交实验室工作委员会审议；

（4）负责组织评选和表彰校级实验室先进单位和个人；

（5）负责学生实验科技创新活动的组织实施，包括个性化实验项目、重点实验室向本科生开放的工程实践项目的审批与组织管理，课外创新实验竞赛活动的组织实施；

（6）负责组织实施国家级、省级实验教学示范中心和虚拟仿真实验教学中心、虚拟仿真实验教学项目的建设、管理与验收。

### 2.3.2 教学单位

各教学单位在教授委员会的指导下，由分管实验教学的副院长负责，具体完成实验教学的组织和实施。

（1）根据《本科人才培养方案》，审核本学院实验教学开课计划；

（2）组织编写或修订实验教学大纲，组织实施并将实验安排提交资产与实验室管理处；

（3）组织申报本学院实验建设规划、建设项目；

（4）组织编写本学院实验教材或实验指导书；

（5）组织本学院的实验教学检查，深入实验室开展调查研究，解决实验教学中的问题；

（6）实施院级自评工作，提供持续改进意见；接受校级评估，反馈评估结果，并跟踪改进情况；

（7）负责本学院实验室安全检查及安全培训工作；

（8）负责本学院学生实验科技创新活动的具体实施，包括个性化实验项目、重点实验室向本科生开放的工程实践项目的审批与组织管理，课外创新实验竞赛活动等。

### 2.3.3 实验室（中心）

根据学院实验教学安排，各实验室（中心）负责本实验室（中心）所承担的实验教学任务的具体实施。

（1）落实本实验室（中心）的实验教学任务，保证实验教学正常有序进行；

（2）在学科专业领域最大限度地为学生提供指导；

（3）根据实验教学大纲，提交实验计划及实验安排；

（4）讲授实验内容，强调实验安全注意事项，指导学生完成实验，批改实验报告，按时报送实验成绩；

（5）做好本实验室（中心）实验耗材预算，并按预算购买实验所需耗材，填写“实验耗材台账”；

（6）按实验教学计划完成实验室承担的实验教学任务，填好“实验教学记录表”。

### 2.3.4 实验教师

实验教师在本科实验教学质量保障中的责任有：

（1）教风严谨，为人师表；

（2）与同事合作，确保所授实验课程能使学生取得预期学习效果，掌握实验技能，达到本科培养要求；

（3）不断改进实验教学方法，实现有效教学；

（4）开发高质量的实验项目和资源，在其学科领域最大限度地为学生提供指导；

（5）使用各种方法及时评估和反馈学生的学习情况，培养学生的独立学习能力和实践动手能力；

（6）将学科最新前沿体现在实验教学内容中，最大限度地促进实验教学与科研的融合；

（7）支持学生的个性化实验需求；

（8）通过反思、审查和评估自身实验教学，综合采用各种方法，提升自我学习能力。

### 2.3.5 学生

学生应明确其在实验教学与实验教学质量保障中的主体地位，全身心投入学习，对自己的成长与发展负责，包括：

（1）主动参与学习，在学校与学院组织的实验教学活动中投入足够的时间和精力，高质量地完成大学学习，实现自身的成长与发展；

（2）对自身的学习、进步、成长与发展给予足够关注，注重自我规划、自我评价、自我激励与自我发展，成为对自我负责的学习者；

（3）向学校、学院和教师提供考虑充分、诚实、及时且具有建设性的反馈；积极参与学校与学院的实验教学管理与质量评估工作。

# 3　西南交通大学本科实验教学评估工作流程

根据学校本科实验教学质量保障相关工作的总体部署，由实验室工作委员会主导，资产与实验室管理处配合，实验室工作委员会委员及各学院推荐专家组成实验教学评估组，对全校的实验课程教学质量进行抽查。教学单位负责组织接受校级评估，反馈校级评估结果，同时对教学单位实验教学质量保障情况进行说明。本科实验教学评估工作流程如图 2 所示。

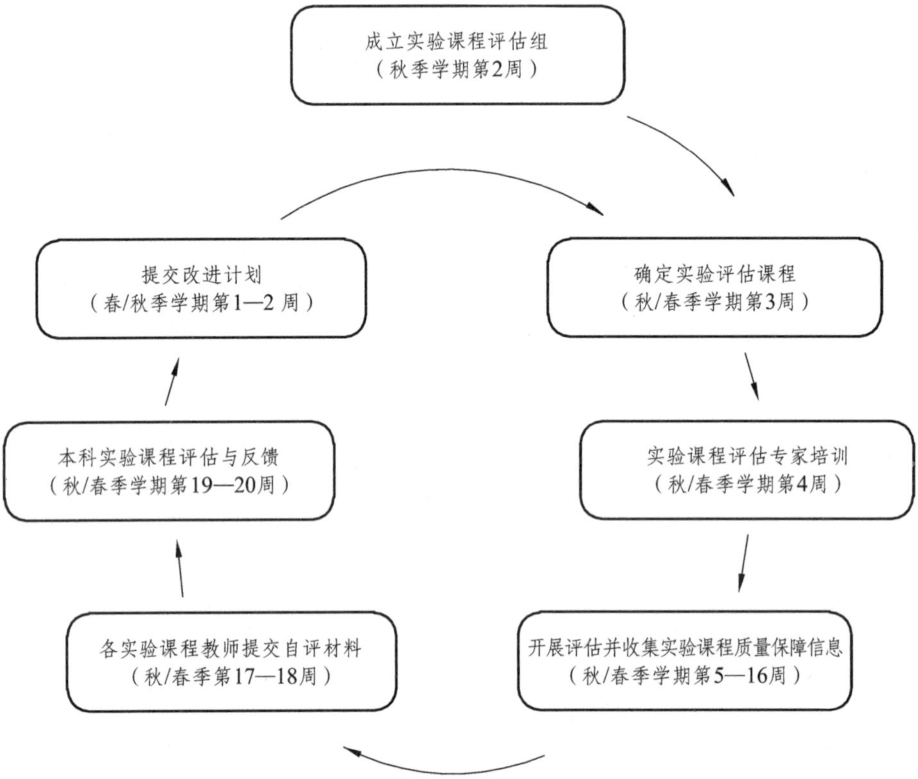


图 2　本科实验教学评估工作流程图

## 3.1　成立实验课程评估组（秋季学期第 2 周）

（1）各教学单位向实验室工作委员会推荐本年度实验课程评估专家。

（2）实验室工作委员会根据学科特点，确定评估组成员。

（3）实验室工作委员会办公室（设立在资产与实验室管理处）负责评估工作的组织协调与服务支持。

### 3.2　确定实验评估课程（秋季学期第 3 周）

（1）根据实验室工作委员会实验评估工作总体安排，对各教学单位本科实验课程开展 2 学年一轮的全覆盖评估。

（2）实验室工作委员会每学年按 50% 的比例抽取各教学单位的本科实验课程开展评估，原则上所有教学单位的实验课程只开展一次初评，即评估周期内已经抽评的实验课程不再进入抽取候选名单。

（3）评估结果分为：“特优、优秀、良好、尚可、待改进”。上一轮评估结果为“尚可”和“待改进”的实验课程自动进入复评名单，根据评估情况，按照评估程序针对上次评估的弱项开展复评。

（4）每学年将拟开展初评与复评的实验课程名单在实验教学网上公示。各教学单位应尽快通知课程教师做好迎评准备。

### 3.3　实验课程评估专家培训（秋季学期第 4 周）

（1）资产与实验室管理处邀请专家，对未参与过本科实验课程评估培训的专家进行培训，内容包括评估质量标准和指标体系解读等。

（2）各教学单位组织本单位专家与教师参加培训。

### 3.4　开展评估并收集实验课程质量保障信息（秋季学期第 5—16 周）

（1）实验室工作委员会本科实验课程评估组在组长的组织协调下，商定组内的评估方式，确定信息采集的途径，同时确定每位专家的分工。

（2）本科实验教学质量信息采集包括但不限于以下途径：

① 审查实验教学大纲、实验教学计划、实验教材、实验指导书等；

② 实验课程现场观摩；

③ 审阅学生的实验作业、实验报告等；

④ 组织教师、学生进行座谈、访谈、问卷调查；

⑤ 实验室文档查询等。

## 3.5 各实验课程教师提交自评材料（秋季第 17—18 周）

秋/春季学期结束后，各教学单位将实验报告、实验耗材使用台账、实验教学记录表等提交实验室工作委员会办公室。办公室审核后提交至实验教学课程评估组。

## 3.6 本科实验课程评估与反馈（秋季学期第 19—20 周）

### 3.6.1 初评实验课程

（1）本科实验课程评估组基于收集的质量保障信息，根据本科实验教学通用质量标准和评估指标，对教学单位本科实验课程给出初评结果，包括评估等级和改进建议两部分，完成《西南交通大学本科实验课程评估报告（评估专家用）》。

（2）西南交通大学本科实验课程的初评结果分为特优、优秀、良好、尚可、待改进 5 个等级，具体评价指标和等级划分标准请参照《西南交通大学本科实验教学质量评估指标》。改进建议应尽量具体、明确、可操作性较强，使改进成效可评价。

（3）实验室工作委员会审议后，将《西南交通大学本科实验课程评估报告（评估专家用）》反馈给教学单位，教学单位须将评估结果反馈给实验室、实验指导教师和学生，并组织其对存在的问题进行整改。

### 3.6.2 复评实验课程

（1）实验室工作委员会本科实验课程评估组按照评估程序对每门复评实验课程的改进情况进行评估，评估的主要依据是初评时评估组反馈的改进建议，主要考察课程是否建立了持续改进机制，从而解决课程存在问题。

（2）复评结果分为三个等级：显著改进、部分改进、无改进。

（3）对于部分改进的实验课程，在下一轮实验课程评估中继续复评；对于无改进的实验课程，向教学单位下发整改通知。

## 3.7　提交改进计划（春季学期第 1—2 周）

授课教师根据上一轮实验室工作委员会抽评实验课程评估结果反馈，参照《西南交通大学本科实验课程改进计划报告（初评课程教师用）》，提交课程改进计划。对初评结果为“尚可”“待改进”的课程，做好下一年度复评的准备。

## 3.8　从春季学期第 3 周开始，重复秋季学期对应周次的评估工作

# 4　西南交通大学教学单位本科实验教学工作考核

## 4.1　实验教学工作考核办法

为提高本科实验教学质量，推动实验室工作的改革，进而提升学校人才培养质量，同时配合学校人事制度改革，特对各教学单位的实验教学工作制定专项考核办法。

### 4.1.1　考核内容

按照实验教学工作考核指标体系（见 4.2）对实验教学工作进行考核。考核内容主要包括以下 5 部分：

（1）实验教学准备；

（2）实验教学过程；

（3）实验教学效果；

（4）实验教学改革；

（5）课外实验创新活动。

各教学单位参照该考核体系进一步形成本单位的实验教学工作年度自评报告。

### 4.1.2　考核程序

（1）实验教学工作的考核由资产与实验室管理处组织进行。

（2）各教学单位根据本办法组织对各实验室（中心）进行实验教学工作自评。

（3）各教学单位将填报的西南交通大学实验教学工作年度考核指标附表及相关材料报送资产与实验室管理处。

（4）资产与实验室管理处与实验室工作委员会组成考核工作小组，对教学单位上报的有关材料进行复核审定。

（5）实验教学工作考核结果作为学校对各教学单位年度考核的重要依据。

## 4.2 实验教学工作考核指标体系（表 1）

表 1　西南交通大学教学单位本科实验教学工作考核指标体系

| 一级指标 | 一级分值 | 二级指标 | 二级分值 | 考核内容 |
|---|---|---|---|---|
| 1. 实验教学准备 | 13 | 1.1 实验教学基本文件 | 9 | 每门实验课有实验教学大纲 |
| | | | | 每门实验课有实验教材或实验指导书 |
| | | | | 提前一学期上报实验教学计划和每门实验课教学安排表，并按计划实施 |
| | | 1.2 实验设备及材料 | 4 | 课前做好实验设备的准备和检查，摆放到位，符合安全标准，满足教学需求 |
| | | | | 实验材料准备齐全，能够满足实验课程的需求且符合教学安全规定。建立实验耗材台账和使用记录，分别设有专人采购和验收 |
| 2. 实验教学过程 | 35 | 2.1 实验教学方法及手段 | 8 | 在实验教学过程中，教师能够根据学生的学习状态，以学生为中心，灵活地运用多种教学方法，充分调动学生的积极性 |
| | | | | 运用现代化教学手段，提高现代化教学手段的使用率，推进教学的现代化建设 |
| | | 2.2 实验教学组织 | 4 | 学生分组符合实验项目的要求并且有利于指导实验的进行 |
| | | 2.3 实验教学内容 | 8 | 有实验开出记录，实验项目开出率达到 100% |
| | | | | 实验项目的设置应逐步增加综合性、设计性实验项目比例，合理搭配经典项目与反映现代科技水平的实验项目，每一个学年应对实验项目进行全面梳理，并根据教学需求进行必要的更新 |
| | | 2.4 教风学风 | 8 | 实验教师按时到岗，准备充分，指导认真 |
| | | | | 学生按要求完成实验，并完成实验报告，无违规操作 |
| | | 2.5 实验安全及环境 | 7 | 实验室有主要实验项目的原理、操作过程展图并上墙；实验仪器设备、仪器和家具摆放有序并保持洁净；实验室门窗、地面、墙壁清洁、无杂物堆放 |
| | | | | 对学生进行安全教育；实验室安全责任落实到人；实验室有防事故紧急预案并上墙；有毒品、易燃易爆品有专人管理并且有警示标志；消防设施完好；无乱拉电线、电源插座裸露等现象，环保处理废气、废液、废物 |

续表

| 一级指标 | 一级分值 | 二级指标 | 二级分值 | 考核内容 |
|---|---|---|---|---|
| 3. 实验教学效果 | 12 | 3.1 教学反馈 | 6 | 实验教学效果好。实验室工作委员会专家听课评价良好 |
| | | 3.2 实验考核 | 6 | 实验课程可实行考试或考查制度，应按照实验教学大纲要求，严格执行实验成绩评定办法 |
| | | | | 按时提交实验成绩。实验成绩原则上应依据课前预习情况、实验操作情况、实验报告情况、实验态度和纪律及期末考试（考查）情况等进行综合评定 |
| 4. 实验教学改革 | 10 | 4.1 实验教学改革项目 | 6 | 实验室专兼职教师积极开展实验教学改革，开发新的实验项目，研究实验教学体系及方法有成果。或对现有实验仪器设备或实验软件进行改造、升级、二次开发，用以开设更丰富、水平更高的实验教学项目 |
| | | 4.2 实验教学信息化建设 | 4 | 利用信息化手段，提升实验教学管理效率；开发虚拟仿真实验或辅助实验的电子资源，为实验教学进行必要的补充和提升 |
| 5. 课外实验创新活动 | 30 | 5.1 个性化实验和重点实验室向本科生开放的工程实践项目 | 15 | 要求开设个性化实验项目或重点实验室向本科生开放的工程实践项目；在告示窗或网站公布实验室开放时间、内容及范围 |
| | | | | 具有完整的实物作品或正式发表的论文或项目成果在相关领域的省级或国家级竞赛中获得奖项 |
| | | 5.2 课外创新实验竞赛 | 15 | 覆盖面广，竞赛题目丰富，特色鲜明，学生参与度高，赛事主题与学科发展前沿紧密结合 |

# 5　西南交通大学本科实验教学评估文件（表 2）

西南交通大学本科实验教学质量保障体系文件编号由三部分构成，各部分之间用“-”连接。

第一部分，采用“西交实验质保”拼音的首字母“XJSYZB”表明文件属性。

第二部分，由 3 位数字构成。第 1 位数字表明文件类型：“1”为质量标准类文件；“2”为实施办法类文件；“3”为评估工具类文件，包括指标体系、问卷等；“4”为报告模板类文件。第 2、3 位数字表明该文件在此类型中的序号。

第三部分，表明文件版本，用“1.0”“2.0”“3.0”等标注。

例如，《西南交通大学本科实验教学管理办法》作为总体性文件中“实施办法”类的第二个文件，目前为第一个版本，则其编号为“XJSYZB-202-1.0”。

表 2　西南交通大学本科实验教学评估文件

| 文件类型 | 文件标题 | 文件编号 | 附录编号 |
|---|---|---|---|
| 质量标准 | 西南交通大学实验教学通用质量标准 | XJSYZB-101-1.0 | 附录 1 |
| 实施办法 | 西南交通大学实验室工作规程 | XJSYZB-201-1.0 | 附录 2 |
| | 西南交通大学本科实验教学管理办法 | XJSYZB-202-1.0 | 附录 3 |
| | 西南交通大学实验室工作委员会章程 | XJSYZB-203-1.0 | 附录 4 |
| | 西南交通大学个性化实验项目管理办法 | XJSYZB-204-1.0 | 附录 5 |
| | 西南交通大学重点实验室向本科生开放的工程实践项目管理办法 | XJSYZB-205-1.0 | 附录 6 |
| | 西南交通大学大学生课外科技创新实验竞赛管理办法 | XJSYZB-206-1.0 | 附录 7 |
| 评估工具 | 西南交通大学实验教学质量评估指标 | XJSYZB-301-1.0 | 附录 8 |
| | 西南交通大学实验教学专家评价表 | XJSYZB-302-1.0 | 附录 9 |
| | 西南交通大学实验课程教师自评表 | XJSYZB-303-1.0 | 附录 10 |
| | 西南交通大学本科实验课程学生评价问卷 | XJSYZB-304-1.0 | 附录 11 |
| 报告模板 | 西南交通大学本科实验课程评估报告（评估专家用） | XJSYZB-401-1.0 | 附录 12 |
| | 西南交通大学本科实验课程改进计划报告（初评课程教师用） | XJSYZB-402-1.0 | 附录 13 |
| | 西南交通大学本科实验课程改进成效报告（复评课程教师用） | XJSYZB-403-1.0 | 附录 14 |
| | 本科实验教学大纲模板 | XJSYZB-404-1.0 | 附录 15 |
| | 实验报告模板 | XJSYZB-405-1.0 | 附录 16 |
| | 个性化实验项目指南模板 | XJSYZB-406-1.0 | 附录 17 |
| | 重点实验室向本科生开放的工程实践项目指南模板 | XJSYZB-407-1.0 | 附录 18 |
| | 实验教学记录表 | XJSYZB-408-1.0 | 附录 19 |
| | 实验教学耗材入库及使用记录表 | XJSYZB-409-1.0 | 附录 20 |

附录 1

# 西南交通大学本科实验教学通用质量标准

本标准适用于西南交通大学本科实验课程的建设与评估。

## 一、教学目标

实验课程教学目标支持专业培养目标和毕业要求达成，工科类实验课程需支持《工程教育认证通用标准（2015 版）》毕业要求达成。

## 二、实验教学准备

1. 教学文件：

实验教学大纲完全符合规范要求，实验教学计划、实验教材或指导书、实验报告等材料齐全且质量较好；教学计划执行情况好，实验课程表填写规范且上报及时，不随意调课。

2. 教师备课：

（1）认真研究教学计划和实验教学大纲，明确实验教学目的。

（2）精心编写实验课教案。教案内容齐全、详略得当，能注意更新实验教学内容；课时安排合理，重点突出、难点处理得当；要求明确，注意事项清楚。

（3）实验仪器设备状态良好，实验材料齐全，安全措施到位，实验室整洁。

（4）合理分组，并将实验分组情况及预习要求预先通知学生。

## 三、实验教学过程组织

1. 认真检查学生预习情况，并做好相应记录。

2. 实验前应将实验内容、实验目的、原理、操作要领及注意事项等讲解准确清楚。

3. 讲究实验教学方法。理论联系实际，注重启发性，因材施教，充分调动学生的学习兴趣，注重培养学生的创新精神和创造能力，善于启发学生思维、引导学生积极思考，督促学生主动完成实验任务。

4. 悉心指导实验。认真指导学生操作，正确解释实验现象，耐心回答学生的问题，仔细审核实验数据。

5. 遵守教学纪律。不擅离岗位，随意停课。

6. 实验中加强巡查，注意学生安全。

## 四、实验报告

1. 每次实验教学后，均布置学生撰写实验报告。实验报告的格式、内容等要求明确。
2. 认真批改学生实验报告，批改率 100%。
3. 准确规范地记载实验成绩。

## 五、实验考核

1. 考核内容和方式符合教学大纲的要求。
2. 实际操作考核要能够反映学生的动手能力和操作技能，且要有评分标准。
3. 成绩评定客观、公正、准确。
4. 成绩记载及时。
5. 成绩管理参考《西南交通大学本科成绩管理办法》。

附录 2

# 西南交通大学实验室工作规程

## 第一章　总　则

**第一条**　高等学校实验室是教学、科研和社会服务的重要基地，是办好学校的基本条件之一。为进一步做好学校实验室的建设与管理，提高实验教学质量，提升科学研究水平，充分发挥实验室的整体效益，依据《高等学校实验室工作规程》(国家教委第 20 号令)、《国家中长期教育改革和发展规划纲要(2010—2020 年)》，结合学校实际情况，特制定本规程。

**第二条**　实验室建设应从实际出发，根据教学和科研任务的需要，确定实验室的规模及水平，统筹规划，合理设置，要充分发挥现有人力、物力、财力的作用，提高投资效益。

**第三条**　实验室建设要重视实验队伍的建设和培养，制定配套的政策和措施，努力建立一支结构合理、技术熟练、具有较高专业素质的、能够支撑学校建成一流大学目标的实验队伍。

**第四条**　从事实验教学的教师在业务考核和技术职称晋升时应侧重考察实验室工作业绩，学校应为实验室人员提供进修、培训、考察交流学习的机会。

## 第二章　任　务

**第五条**　实验室应根据人才培养目标、培养方案及实验教学大纲的要求，编写实验教材和实验指导书，安排实验指导人员按时、按质、按量开出各项实验。按照学校统一要求，提前一学期完成实验教学计划和实验项目安排。各实验室在完成实验教学任务的同时，应主动为相关专业本科生毕业设计提供实验条件。

**第六条**　实验室要不断吸收科学技术和教学改革的新成果，更新课内实验内容，改革教学方法，及时完善更新实验教材和实验指导书等，逐步增加设计性、综合性实验比例。积极开展课外创新实验活动，培养学生勇于创新的精神、理论联系实际的学风、严谨的科学态度和分析问题、解决问题的能力。积极申报教育教学改革项目、教材建设项目等，深化实验教学体系改革。

**第七条**　实验室应做好仪器设备的管理、维修、改造工作，使仪器设备处于完好状态。实验耗材分别设有专人负责采购及验收，建立实验耗材的使用台账。

**第八条**　实验室应充分利用现有的实验设备进行科学研究，积极承担、参与国家、省(部)各级各类科研课题，研制开发各种新工艺、新技术、新产品。在保证完成基本教学、科研任务的前提下，实验室要积极对校内外提供开放共享服务，提高仪器设备(尤其是大型精密贵重仪器设备)的使用效益。

## 第三章　体　制

**第九条**　学校对实验室实行学校、教学科研单位、实验室三级管理，设一名校级领导分管实验室工作。资产与实验室管理处是学校管理实验室的职能部门，负责教学实验室整体规划、建设和管理，协同科学技术发展研究院对国家实验室（筹）、国家重点实验室、教育部重点实验室和四川省重点实验室实施管理。各教学科研单位应有一名领导分管本单位实验室相关工作，同时安排专人协助单位分管领导开展工作。实验室实行主任负责制，全面负责实验室工作。根据实验室规模大小，可设主任 1 名，副主任 1 ~ 2 名。

**第十条**　西南交通大学实验室工作委员会是学校学术委员会的专项学术委员会之一，是学校实验室工作的学术决策和咨询机构，负责开展对实验室建设和实验教学的研究、咨询、指导、评估等工作。

## 第四章　建　设

**第十一条**　学校实验室的设置，应当具备以下基本条件：

（一）有稳定的学科发展方向和饱满的实验教学或科研、技术开发等任务；

（二）有符合实验技术工作要求的房舍、设施及环境；

（三）有足够数量、配套的仪器设备；

（四）有合格的实验室主任和一定数量的专职工作人员；

（五）有科学的工作规范和完善的管理制度。

**第十二条**　凡学校各实验室建设、调整与撤销，必须经学校正式批准。省部级及以上实验室、工程中心的建设、调整与撤销，在经学校审核后，报上级主管部门批准。

**第十三条**　实验室的建设应按学校的总体规划进行。其中：房舍、设施纳入学校基建规划；仪器设备和运行、维修费纳入学校财务预算。工作人员配备与结构调整纳入学校人事计划。

**第十四条**　各教学科研单位按照学校发展规划，制定实验室建设的发展规划和年度计划，实验室建设要注重硬件投入和软件建设的综合配套。通过立项论证、过程监督、竣工验收、效益考核，建立健全管理机制，提高实验室建设效益。

**第十五条**　学校每年投入专项经费用于实验室建设及运行，以满足实验室发展需求。学校实验室的建设应注重投资效益。新增实验设备须认真选型、成组配套。购置大型、精密、稀缺、贵重仪器设备前，必须按规定进行科学性和可行性论证。

## 第五章　监　管

**第十六条**　学校各实验室应针对高温低温、辐射、病菌、噪声、毒性、激光、粉尘、超净等对人体有害的环境，切实加强实验室环境监测和劳动保护工作。凡经技术安全和环境保护部门检测认定不合格的实验室，应暂停使用，并落实管理责任，限期进行整改，待重新通过检测合格后，方可投入使用。实验室应严格遵守国家环境保护工作的有关规定，不得随意排放废气、废液，不得随意处置废物，不得污染环境。

**第十七条** 建立健全实验仪器设备和材料、低值品、易耗品的采购台账和使用情况记录，并逐步实现信息化管理。实验仪器设备和材料、低值品、易耗品的管理按照《西南交通大学仪器设备管理办法》(西交校设备〔2014〕5号)的有关规定执行。分别设专人负责采购和验收。

**第十八条** 学校定期对各教学科研单位的实验室总体工作进行考核，考核结果作为学校开展实验室建设、实验教学改革及资源配置等工作的重要决策依据。

**第十九条** 实验室工作委员会、资产与实验室管理处、教学科研单位、学校安全生产工作领导小组办公室等对实验室的实验教学、实验室安全、实验室建设项目，采取随机检查与期中、期末、年末定期检查相结合的方式进行检查与督导。

## 第六章　队 伍

**第二十条** 学校各实验室主任应由具有较高的思想政治觉悟，有扎实的专业理论修养，有丰富的实验教学或科研工作经验，组织管理能力较强，原则上具有副高级及以上职称的人员担任。

**第二十一条** 校级实验室主任由教学科研单位任命，并报资产与实验室管理处备案。省部级及以上实验室、工程中心的主任，按照相关主管部门要求任命。

**第二十二条** 实验室主任的主要职责：

（一）负责编制实验室建设规划和计划，并组织实施和检查执行情况；

（二）领导并组织完成本实验室工作任务；

（三）搞好实验室的科学管理，贯彻、实施有关规章制度；

（四）制定岗位责任制，领导本实验室各类人员的工作，负责本实验室工作人员的培训及考核工作；

（五）负责落实实验室安全相关工作；

（六）定期检查、总结实验室工作，开展评比活动等；

（七）完成学校和学院规定的其他任务。

**第二十三条** 学校实验室工作人员包括在实验室工作的教师、研究人员、工程技术人员、实验技术人员，以及管理人员和工人，上述人员分专职和兼职两种。各类人员应各司其职，做到团结协作，共同积极完成各项任务。对承担实验教学任务的教师，可设立专职教师、课程教师、项目教师等工作岗位。其中专职教师负责实验室建设规划、实验教学改革、实验过程的指导和管理；课程教师负责理论教学与实验教学相结合，与专职教师一起拟定实验项目和实验教学计划；项目教师要负责科学研究与实验教学相结合，以个性化创新实验、重点实验室向本科生开放的工程实践项目以及课外创新实验竞赛项目等为纽带，结合教师的科研项目开展实验教学改革与创新。

**第二十四条** 从事有害健康工种的实验室工作人员，参照国家有关文件规定享受保健待遇。

**第二十五条** 教师参加实验室建设和管理，可根据其承担的工作任务，合理计算工作量，以提高教师参加实验室建设和管理工作的积极性。

**第二十六条**　实验室应对工作人员按年度或聘期进行工作考核，考核结果作为职称评聘、职级晋升、评奖评优等的重要依据。

**第二十七条**　实验室专职人员的职称评定，按国家及学校相关规定执行，由学校组织评审组进行评议，不属实验室专职工作岗位的其他人员不得占用实验系列职称指标。

## 第七章　奖　惩

**第二十八条**　为加强实验室建设和管理，学校将定期组织开展总结与交流活动；评选先进实验室、先进工作者、优秀成果，以表彰先进集体或个人。

**第二十九条**　因管理不善、违章、渎职，对实验室造成损失或产生严重后果的，除依法追究当事人和相关领导责任外，单位和相关责任人将不得参加本年度学校组织的各类先进评比。

## 第八章　附　则

**第三十条**　本规程由资产与实验室管理处负责解释。

**第三十一条**　本规程自公布之日起施行。

附录 3

# 西南交通大学本科实验教学管理办法

## 第一章　总　则

**第一条**　实验教学是本科教学的重要组成部分，是培养学生理论联系实际能力、创新实践能力、分析和解决问题能力的重要环节，在人才培养中占有重要地位。其根本任务是对学生进行实验方法和技能的基本训练，使学生掌握科学实验能力和现代实验方法，培养学生理论联系实际的作风，严谨的科学态度，分析问题、解决问题的能力及综合创新能力。

**第二条**　实验教学应根据学校制定的培养计划，结合专业以及大类人才培养特点，科学地设置实验项目，形成多层次、模块化、开放式、系统性的实验教学课程体系。

**第三条**　为进一步加强实验教学的规范化管理，不断提高实验教学水平，保证人才培养质量，依据《西南交通大学实验室工作规程》《西南交通大学本科专业人才培养方案管理办法（试行）》，特制定本办法。

## 第二章　实验教学计划

**第四条**　实验教学计划是本科教学计划的重要组成部分，应依据本科人才培养方案的要求进行编制、修订及实施。

**第五条**　实验教学计划应强调理论与实践的有机结合，对实验教学环节等进行统筹安排与总体优化设计，构建符合专业人才培养目标、培养学生综合素质和实践创新能力的实验教学体系，主要反映实验课程名称、实验项目设置、实验学时的分配、实验教学的进程等。

**第六条**　实验教学计划中包括独立设置的实验课程和非独立设置的实验课程。鼓励有条件的实验课程独立设置。非独立设置的实验课程必须明确实验教学的学时数。

**第七条**　各教学单位制定的实验教学计划原则上应保持稳定，若因特殊原因需调整实验教学计划的，需经资产与实验室管理处（以下简称“资实处”）及教务处审核同意后实施。

## 第三章　实验教学大纲

**第八条**　实验教学大纲是实验教学内容的指导性文件，是指导、检查、考核实验教学的主要依据，教师在教学过程中应严格执行。凡教学计划设置的实验课程，包括独立设置的实验课程和非独立设置的实验课程，都必须制定相应的实验教学大纲，与本科教学计划同期公布。

**第九条** 实验教学大纲的制定（修订）由学院、实验室组织教研室或课程组集体完成，经学院教学工作委员会审订、主管实验教学院长审核签字、报资实处备案后执行。

**第十条** 实验教学大纲应阐明本课程实验教学在专业人才培养实验能力中的地位和作用，明确本课程实验教学的基本方法和特点以及应达到的基本要求，对实验目的、任务、内容、学时、项目、考核及教学方式等有明确规定。实验教学大纲一般应包括以下内容：

（一）实验的目的、任务和基本要求；

（二）实验项目的内容和学时分配；

（三）实验项目的教学方式和特点；

（四）考核方式及成绩评定标准；

（五）实验教材或实验指导书；

（六）主要参考资料；

（七）大纲制订人、审核人及制订时间。

**第十一条** 各教学单位应根据人才培养方案认真规划实验教学大纲中的实验项目，在精选演示实验、验证性实验的基础上，充分拓展综合性、设计性、研究性与创新性实验，使学生在基础实验知识、基本操作技能、基本实验方法和科研创新能力等方面得到较全面、系统的培养。除必做的实验项目外，要有占该实验课程中实验项目总数不少于 10% 的自选项目供学生选做。

## 第四章　实验教学任务

**第十二条** 资实处根据实验教学计划，向承担实验教学任务的教学单位提前一学期下达实验教学任务。独立设置的实验课按每 1 学分 32 学时下达实验教学任务；非独立设课的实验教学任务按实际的实验学时数下达。各教学单位应根据实验教学任务安排实验指导教师，做好开展实验的准备工作。

**第十三条** 各承担实验教学任务的教学单位应保质保量完成实验教学任务。若遇特殊情况，需调整实验教学任务时，须由承担任务的教学单位提交书面报告，经学院主管院长审核同意签字后，经资实处和教务处审核同意后执行。

**第十四条** 在教务处安排的课表的基础上，由承担实验教学任务的实验中心（室）安排实验项目的时间，即实验课表。原则上应提前一学期进行统一安排。非独立设课的实验可根据理论课程的教学进度、实验条件等具体情况合理安排实验教学时间。

**第十五条** 在执行实验课表过程中，不得随意撤销或变更实验项目，由于特殊原因需要撤销或更改实验项目的，需报资实处审核同意后执行。实验课表作为学校检查和督导实验教学运行及秩序的主要依据。

## 第五章　实验项目

**第十六条** 凡列入实验教学大纲的实验项目，必须严格按实验教学大纲执行，并认真填写实验项目卡和实验项目一览表，建立实验项目档案。执行过程中，确实需要变更的，需由实验室提出申请，主管院长批准，报资实处审核。

**第十七条** 实验项目所需仪器设备要安全可靠，计量准确，符合操作规范，有安全保护措施，有能够指导学生进行实际操作的指导教师。可在实施教学计划中列入暂时还无条件开出的实验项目，但要附以较详细的必要性说明，以作为实验设备投资规划的基本依据。

**第十八条** 实验项目的设置应逐步增加综合性、设计性实验项目比例，合理搭配经典项目与反映现代科技水平的实验项目，每一个学年应对实验项目进行全面梳理，并根据教学需求进行必要的更新。

## 第六章 实验教材

**第十九条** 独立设置的实验课程须有教材，非独立设置的实验课程须有实验指导书，教师应根据实验课程自身的特点和实验教学大纲选择合适的实验教材、实验讲义或实验指导书，并至少提前一学期完成。

**第二十条** 实验教学应使用正式出版的或质量较高的自编实验教材及指导书。实验教材及指导书应有广阔的覆盖面和足够的实验项目（包括计算机辅助实验教学软件和多媒体教学课件）。

**第二十一条** 对于自编实验教材或实验指导书，应符合以下要求：

（一）体现本实验课程教学的目的和要求；

（二）注意教材的科学性、系统性、先进性和实用性；

（三）有较强的实践性，能够训练学生综合运用知识解决实际问题的能力；

（四）有一定数量的由学生自主完成的综合性实验项目或题目。

## 第七章 实验教学过程

**第二十二条** 实验指导教师应根据实验教学大纲和实验教材（实验讲义、实验指导书）认真备课，编写实验指导教案，并做好实验前的准备工作。

**第二十三条** 实验指导教师应讲解实验设备安全操作规程，指导并要求学生严格按安全规程进行实验操作，并对学生进行突发事件处理教育。加强安全与环保意识，对使用生化、放射、有毒、动物等材料的实验，要求学生高度重视，谨慎操作，严格按要求处理废弃物。如遇突发事故，应按应急预案要求，积极组织学生疏散，并及时向学校报告。

**第二十四条** 实验指导教师应要求学生严格遵守《西南交通大学学生实验守则》和实验室其他规章制度。实验过程中，要巡视、监督实验场所，注意观察学生的实验操作情况，发现异常情况和不当操作及时纠正、处理。

**第二十五条** 实验指导教师应严格遵守考勤制度，按时到岗，如出现迟到、未到岗等情况，影响实验教学正常进行的，按照《西南交通大学教学事故认定及处理办法》处理。

## 第八章　实验考核与成绩

**第二十六条**　实验课程可实行考试或考查制度，应按照实验教学大纲要求，严格执行实验成绩评定办法。实验成绩原则上应依据课前预习情况、实验操作情况、实验报告情况、实验态度和纪律及期末考试（考查）情况等进行综合评定。

**第二十七条**　独立设置的实验课原则上以理论与操作相结合的方式进行考核，成绩可采用百分制或者五级记分制，每学期期末由任课教师在网上录入学生成绩（参照《西南交通大学本科生成绩管理规定》)。非独立设置的实验课原则上以考查为主，其实验成绩应按实验学时所占课程总学时比例记入该课程总成绩内。

**第二十八条**　对未经准假不参加实验的学生，按旷课处理。缺席实验课累计超过实验总学时三分之一者，不能参加该实验课程的考试或考查。非独立设置的实验课成绩不及格者，不得参加本门课程考试。

## 第九章　实验教学档案

**第二十九条**　实验教学档案包括实验教学基本文件（实验教学计划、实验教学大纲、实验教材、实验指导书等)、实验教学资料（实验教学任务表、实验课表、实验记录、实验报告抽样、考试试题、试卷、学生成绩单、实验教学研究论文等）以及其他资料（实验设备安全操作规程、实验仪器设备一览表等)，定期存入学院档案室，至少保留 4 年。

**第三十条**　实验档案由实验室主任安排专人管理。实验室应及时做好实验室档案资料的收集、整理、存档及上报等工作。每学期末完成各类实验教学档案的存档。下学期开学，由学校组织实验室工作委员会专家检查档案存档情况。

## 第十章　附　则

**第三十一条**　本办法学校授权资实处解释。

**第三十二条**　本办法经第一届实验室工作委员会审议通过，自公布之日起施行。

附录 4

# 西南交通大学实验室工作委员会章程

## 第一章　总　则

**第一条**　为加强我校教学类实验室建设与管理，提高实验教学质量，根据《西南交通大学学术委员会章程（修订）》有关规定，结合我校实际，制定本章程。

**第二条**　西南交通大学实验室工作委员会是学校教学类实验室工作的学术决策和咨询机构，开展对实验室建设和实验教学的研究、咨询、指导、评估、考核等工作；是学校学术委员会的专项学术委员会之一，并向学校学术委员会负责。

## 第二章　组织与成员

**第三条**　学校实验室工作委员会由不超过 25 名（应为单数）委员组成，主要由学校各学科领域德才兼备且具有教授或相当专业技术职务的专家和相关业务部门负责人组成，其中设主任 1 名（由分管学校实验室工作的校领导提名，由全体委员选举产生），副主任 2 名（1 名副主任由资产与实验室管理处处长或副处长担任，另 1 名副主任候选人由委员会全体会议提名、选举产生）。成员须身体健康，年龄一般不超过 65 岁。

其他委员由学院教授委员会通过民主推荐或选举产生。

实验室工作委员会设秘书 1 名，由主任聘任。

**第四条**　学校实验室工作委员会设立办公室，挂靠资产与实验室管理处，负责处理委员会的日常工作。

**第五条**　学校实验室工作委员会委员经学校学术委员会主任会议批准后聘任，每届任期与学术委员会委员任期同步，最多可连任 2 届。

**第六条**　学校实验室工作委员会可设立专项或临时工作组，根据工作需要，聘请实验室委员会委员以外的专家担任工作组成员。工作组成员由实验室工作委员会办公室提出拟聘名单，报学校实验室工作委员会主任审定。工作组成员在相应的工作会议上拥有与学校实验室工作委员会委员相同的权利，待专项或临时工作完成后该工作组随即撤销。

**第七条**　学校实验室工作委员会委员有下列情形之一的，可经委员会半数以上委员同意，报请学校学术委员会主任会议批准，取消其委员资格，重新遴选：

（一）本人申请辞职的；

（二）本人工作调离且不便继续担任委员职务的；

（三）职务身份发生变动或离退休的；

（四）本人因故离开学校连续一年以上不能参加委员会工作的；

（五）严重违反本章程有关规定的。

**第八条** 学校实验室工作委员会委员在任期内退休或离开学校岗位连续一年以上需要进行委员更替或空缺需增补时，按照本章程第五条规定的方式产生。

**第九条** 学校实验室工作委员会委员在实验室工作委员会会议上享有选举权、被选举权、发言权和表决权；对委员会的相关工作享有建议权和批评权；对委员会会议涉及的相关事项享有知情权，同时负有保密义务。

## 第三章 职 责

**第十条** 学校实验室工作委员会的职责为：

（一）在学校总体发展规划指导下，研究我校实验室建设发展方向，审议实验室建设规划，审议实验室的设立、运行评估、撤销；

（二）审议学校实验室相关文件和管理办法；

（三）评审实验室建设项目立项申报，考核实验室建设项目工作目标完成情况；

（四）指导、督查、考核实验教学工作，完善实验教学质量保障体系；

（五）指导各级实验教学示范中心和虚拟仿真实验中心的建设与申报；

（六）指导大型仪器开放共享工作；指导实验人才梯队建设工作；

（七）评定实验室工作有关的各类奖励；

（八）其他需要实验室工作委员会决定的事项；

（九）学校实验室工作委员会向学校学术委员会提交年度工作报告，或根据需要作专项工作报告，并负责对学校学术委员会提出的有关质询进行解释和说明。

## 第四章 议事规程

**第十一条** 学校实验室工作委员会实行例行会议与通讯评审相结合的议事方式。采用通讯评审方式议事时，所有电子邮件信息材料应留底备查。

**第十二条** 学校实验室工作委员会例会为全体会议，每学期至少召开 1 次，由主任委员召集（主任委员可委托副主任召集）。由主任委员或 1/3 以上委员提议，可临时召开全体会议。全体会议按照少数服从多数的原则，讨论决定重大事宜。决定重大事项采用投票（根据决定事项的性质可采用无记名投票，也可采用记名投票）表决的方式。投票表决须有 2/3 以上委员出席会议，方为有效，超过出席会议委员人数 2/3 的得票即为表决通过。

**第十三条** 主任委员可根据需要，不定期召开主任会议（由主任、副主任组成，秘书列席）。主任会议商讨、决定设立专项或临时工作组以及委员会日常工作。

**第十四条** 学校实验室工作委员会临时或专项工作组根据主任会议的决定召开会议或者采用通讯评审的方式，评议和审议相关事宜，其评议和审议的结果应通报委员会全体会议或主任会议。

**第十五条** 对学校实验室工作委员会做出的重大决定，若有重大异议或分歧，在相应的异议期内，可由 1/3 以上委员联名提交委员会主任会议审议。经主任会议审议同意，提交学校学术委员会复议。学校学术委员会的复议决定为最终决定。

## 第五章 附 则

**第十六条** 修改本章程，须经学校实验室工作委员会主任会议同意，并经委员会 2/3 以上委员通过，报学校学术委员会批准。

**第十七条** 本章程由学校实验室工作委员会办公室负责解释。

**第十八条** 本章程自学校学术委员会批准之日起生效。

附录 5

# 西南交通大学个性化实验项目管理办法

## 第一章　总　则

**第一条**　个性化实验项目是以培养学生创新精神和工程实践能力为目标，依托国家级、省级实验教学示范中心等各类实验中心，为学有余力的学生提供课外创新实验活动的研究创新型实验项目。

**第二条**　个性化实验项目以研究型和创新型实验项目为主体，包含四个方面的内容：教师拟定的研究创新型实验项目；学生自拟的实验项目；科研成果转化成的实验项目；仪器设备的开发和改造等。

**第三条**　个性化实验项目采取项目制方式进行管理。以学年为周期，教师拟定项目和学生自拟项目均由指导教师提出立项申请，经院校两级审核后由资产与实验室管理处发布项目指南。学生可根据自己的课余时间安排和自身的兴趣爱好选择项目进行报名。经指导教师审核通过后开始实验活动。

## 第二章　工作职责

**第四条**　资产与实验室管理处是个性化实验项目的主管部门，教务处、学生处为协管部门，各教学单位负责个性化实验项目的具体实施及管理工作。

**第五条**　资产与实验室管理处的职责：

（一）汇总个性化实验项目申请，组织专家评审，并向全校学生发布《个性化实验项目指南》;

（二）根据学生报名情况，确定立项支持的个性化实验项目；

（三）组织个性化实验项目进行中期检查和结题验收；

（四）组织评价学生参加个性化实验项目取得的成效；

（五）进行个性化实验项目的总结和表彰。

**第六条**　教务处的职责：

（一）认定已结题个性化实验项目的学生的创新学分；

（二）参与考查学生参加个性化实验项目的成效；

（三）参与进行个性化实验项目的总结和表彰。

**第七条**　学生处的职责：

（一）组织动员学生参与个性化实验项目；

（二）参与考查学生参加个性化实验项目的成效；

（三）负责个性化实验优秀项目的学生奖励。

**第八条** 承担有个性化实验项目的教学单位的职责：

（一）组织教师和实验技术人员开出研究探索型的个性化实验项目，供学生选择；

（二）组织教师和实验技术人员审核学生的自拟课题，将审核通过的自拟项目向资产与实验室管理处申报个性化实验项目；

（三）根据学生在个性化实验项目中的表现，核定学生的创新学分；

（四）核定本单位个性化实验项目指导教师的工作量；

（五）负责开展个性化实验项目的实验室的日常管理，加强设备维护，保持良好的设备完好率；

（六）负责个性化实验项目的安全管理，对个性化实验项目进行安全评估，对进入个性化实验室的师生进行安全教育和培训；

（七）负责个性化实验项目的申报和总结；

（八）做好学生参加个性化实验项目的日常记录；

（九）将个性化实验项目工作纳入教师工作量的计算范围。

## 第三章 申报和立项程序

**第九条** 资产与实验室管理处每年组织一次个性化实验项目的申报，项目指导教师须登录指定网站填写《西南交通大学个性化实验项目立项申请书》，个性化实验项目所在教学单位须对申请立项的项目进行安全评估和审核。

每位项目指导教师最多可申报 3 个项目。前一期有项目未通过验收的指导教师，不得申报本期项目。

**第十条** 资产与实验室管理处发布个性化实验项目指南，学生根据项目指南到各实验室报名参加项目，项目指导教师对学生进行遴选。为保证项目实施效果，每个项目最多可接纳 5 名学生。

遴选结束后，各学院将参加项目的学生名单报送资产与实验室管理处。

## 第四章 项目中期检查与结题

**第十一条** 各实验教学单位负责对所有项目组织中期检查，中期检查形式以学生答辩为主，资产与实验室管理处随机抽查。

**第十二条** 项目取得以下成果之一，即可申请结题：

（一）完成完整的体现个性化特点的实物作品；

（二）正式发表 1 篇论文；

（三）项目成果在相关领域的省级或国家级竞赛中获得奖项。

项目结题时，需提交相应的结题报告。结题报告包括两部分，一部分由指导教师完成，内容包括项目综述、学生表现及经费使用情况；另一部分由学生完成，内容包括在项目中的分工、过程描述、最终成果及收获体会等。学生完成部分的字数不得少于5000字，并要求提供能够反映项目成果或者记录科研活动开展情况的照片，数量不少于5张。

对学生结合项目发表的论文、竞赛获奖等情况，指导教师需向资产与实验室管理处提供相关支撑材料。

资产与实验室管理处组织专家对所有项目进行抽样答辩。各实验教学单位负责组织项目验收结题答辩，资产与实验室管理处组织抽查并汇集项目成果。

## 第五章　项目经费使用和管理

**第十三条**　资产与实验室管理处依据项目内容及学生报名情况，审核申报项目的经费预算。

**第十四条**　项目经费可用于实验消耗、资料、文印费、版面费等方面，不得用于购置仪器设备。

**第十五条**　项目开支由项目指导教师负责，项目经费实行专款专用。

## 第六章　学生学分与教师工作量

**第十六条**　参加个性化实验项目的学生应严格遵守实验室的各项规章制度，在个性化实验项目指导教师的指导下，完成项目工作。学生应将项目的实验数据采集记录、实验操作过程、实验结果、收获与体会等写入项目总结，作为是否可获得学分的重要依据。

**第十七条**　根据《西南交通大学创新创业实践学分管理办法》(西交校教〔2019〕121号)，全日制本科生完成个性化实验项目并通过验收后，在校期间可获得2个创新创业实践学分。

同时参加了SRTP项目或重点实验室向本科生开放的工程实践项目的学生，创新创业实践学分不累加。在本科就读期间参加了多个个性化实验项目的学生，只可获得一次相应学分。中途退出项目和未提交项目总结的学生不能获得学分。

**第十八条**　各教学单位负责核定个性化实验项目指导教师的工作量，并向学校推荐项目的优秀指导教师。

## 第七章　保障措施

**第十九条**　学校设立“个性化实验实验项目”专项经费,并于每年定期拨付，用于支持项目的开展。

**第二十条** 资产与实验室管理处定期评比个性化实验项目优秀指导教师和优秀学生，并予以表彰。

## 第八章 附 则

**第二十一条** 本办法由资产与实验室管理处负责解释。

**第二十二条** 本办法自发布之日起实施。

附录 6

# 西南交通大学重点实验室向本科生开放的工程实践项目管理办法

## 第一章 总 则

**第一条** 为加强大学生科学精神、创新意识和实践能力的培养，推进教学和科研的有机结合，学校的国家级、省（部）级重点实验室及以科学研究为主的实验室（中心）（以下简称“重点实验室”）通过开展工程实践项目，实施对本科生的开放。各重点实验室要以项目为依托接纳学生到实验室参加科研和工程实践项目，着力培养学生的科学精神、创新意识和工程实践能力，全面提高实践教学质量。

**第二条** 工程实践项目是我校创新人才培养体系的重要组成部分，主要面向成绩优良、学有余力的中、高年级本科生。目的在于利用实验室的人才优势和设备资源优势，采取教学与科研相结合的方式，开阔学生眼界，培养创新人才，更好地发挥实验室的作用。各重点实验室应做好工程实践项目的申报、组织、实施工作，并接受学校的监督和检查。

## 第二章 工作职责

**第三条** 重点实验室向本科生开放的工程实践项目工作由资产与实验室管理处牵头，会同各教学单位、教务处、学生工作处等部门共同组织实施。

**第四条** 资产与实验室管理处在此项工作中的职责：

（一）组织专家对申报项目进行评审，向全校学生发布开放指南；

（二）学生报名工作结束后，公布立项结果；

（三）项目经费管理；

（四）检查、评估学生参加重点实验室向学生开放的工程实践项目的成效；

（五）进行工程实践项目的结题验收；

（六）评选优秀项目及优秀指导教师等；

（七）核定参加工程实践项目学生的学分。

**第五条** 各教学单位负责组织本单位的重点实验室进行项目申报及初审，并对项目的实施进行日常检查、管理；核定项目指导教师工作量。

**第六条** 教务处在此项工作中的职责：认定完成项目学生的创新学分。

**第七条**　学生工作处在此项工作中的职责：在学生中进行宣传、动员工作，并对优秀项目的学生进行奖励。

## 第三章　项目申报

**第八条**　各重点实验室负责组织工程实践项目的申报工作，教师、实验技术人员均可申报项目，原则上每人最多可申报 3 个项目。

**第九条**　项目指导教师须登录指定网站填写《西南交通大学重点实验室向本科生开放的工程实践项目立项申请书》，项目所在教学单位须对申请立项的项目进行安全评估和审核。

**第十条**　资产与实验室管理处组织专家对所有申报项目初审后在全校范围内发布重点实验室开放的工程实践项目指南。

**第十一条**　凡上期无故未完成项目的指导教师，不得参加本期项目的申报。

**第十二条**　学生可登录指定网站查阅项目指南，并通过网站进行报名。报名不限专业、不限年级。为保证工程实践项目的实施效果，每个项目最多可接纳 5 名学生。

**第十三条**　指导教师根据项目内容、报名学生情况等遴选参加项目的学生。

## 第四章　项目实施与管理

**第十四条**　为保证重点实验室向本科生开放的工程实践项目的顺利运行，学校每年拨付专项经费。

**第十五条**　指导教师承担工程实践项目的工作量，由各教学单位统一纳入教师工作量的计算范围。

**第十六条**　重点实验室向本科生开放的工程实践项目实行项目负责制，项目指导教师为项目负责人。

**第十七条**　项目负责人负责项目实施，统筹经费开支，提交项目结题报告及其他相关材料。

**第十八条**　工程实践项目的具体实施时间由项目指导教师安排，项目的安排不得影响正常教学。

**第十九条**　项目指导教师应做好学生参加项目的监督工作，对不能正常参加或不适合继续参加项目的学生，指导教师可劝其退出项目，并报资产与实验室管理处备案。退出项目的学生不能取得相应学分。相应的项目经费由资产与实验室管理处收回。

**第二十条**　资产与实验室管理处负责检查项目实施情况，对立项后无故不开展项目或违反财经纪律者，将追究项目负责人的责任，并视情况终止项目。

## 第五章　项目经费使用和管理

**第二十一条**　资产与实验室管理处依据项目内容及学生报名情况，审核申报项目的经费预算。

**第二十二条** 项目经费仅用于实验消耗、资料和文印费等方面，不得用于新增仪器设备。

**第二十三条** 项目开支由项目负责人负责，项目经费实行专款专用，原则上超支不补。

## 第六章 项目中期检查与结题

**第二十四条** 重点实验室向本科生开放的工程实践项目实施期限一般为一年，特殊情况可适当延长，最长不超过一年半。鼓励学生结合工程实践项目完成毕业设计和论文。

**第二十五条** 各教学单位负责对所有项目组织中期检查，中期检查形式以学生答辩为主，资产与实验室管理处随机抽查。

**第二十六条** 项目取得以下成果之一，即可申请结题：

（一）完成完整的实物作品，且作品具有一定的创新性，可以解决实际问题；

（二）正式发表 1 篇论文；

（三）项目成果在相关领域的省级或国家级竞赛中获得奖项。

各实验室负责组织项目验收结题答辩，资产与实验室管理处组织抽查并汇集项目成果。

结题报告包括两部分，一部分由指导教师完成，内容包括项目综述、学生表现及经费使用情况；另一部分由学生完成，内容包括在项目中的分工、过程描述、最终成果及收获体会等。学生完成部分的字数不得少于 8000 字。

对学生结合项目取得专利、发表论文、竞赛获奖等情况，指导教师需向资产与实验室管理处提供相关佐证材料。要求提供能够反映项目成果或者记录科研活动开展情况的照片，数量不少于 5 张。

资产与实验室管理处组织专家对所有项目进行抽样答辩。

## 第七章 附 则

**第二十七条** 本办法自公布之日起施行，资产与实验室管理处负责解释。

附录 7

# 西南交通大学
# 大学生课外科技创新实验竞赛管理办法

为进一步激发我校大学生课外科技创新实验活动的热情，充分利用实验室资源,促进实验教学与理论教学深度融合，推动实验教学模式改革,培养学生的创新精神和实践动手能力，特制定本办法。

## 一、竞赛指导思想

举办大学生课外科技创新实验竞赛是深化实验教学改革的重要抓手，旨在促进和深化实验教学在高校人才培养中的作用，培养学生的创新精神，提高学生的实践动手能力、调查研究及科研水平，发现和培养一批有潜力、有作为、能创新的优秀学生。竞赛围绕“实验+创想 创意 创新 创造”，结合各学科特点，利用我校实验室（中心）进行。

## 二、组织机构

竞赛由各学院（中心）、资产与实验室管理处、教务处、学生处、校团委、人事处、研究生院、科研技术发展研究院、对外合作与联络处共同举办。

竞赛设立组委会，负责竞赛的组织实施。组委会主任由西南交通大学分管实验室工作的校领导担任；副主任由资产与实验室管理处、教务处、学生处主要负责人担任；委员由组织参赛学院的相关领导担任。

竞赛设立专家委员会。主任、副主任由西南交通大学实验室工作委员会推荐产生，成员由校内校外专家组成，负责本届赛事的相关评审与指导。

各学院、中心（所）应成立专门的竞赛组织团队，负责本单位的竞赛题目、实施方案、参赛动员、初赛和复赛，以及决赛项目的推荐等工作。

## 三、竞赛内容

竞赛以“实验+创想 创意 创新 创造”为主题，将移动互联网、云计算、大数据、物联网等新一代信息技术与经济社会各领域紧密结合，各学院结合学科特点拟定竞赛题目及实施方案。学生参赛最终成果应为体现新思维、新思想的实物创作（含模型）、软件设计和社会实践调研报告等作品。

竞赛内容主要包括但不限于以下方面：

1. 设计制造“实验+”，包括智能硬件、先进制造、新材料等产品制作；

2. 工程建设“实验+”，包括土木工程、机械工程、材料工程、生物工程等学科的技术创新；

3. 交通组织“实验+”，包括高效物流、智能交通等；

4. 信息技术“实验+”，包括大数据、云计算、人工智能、VR/AR、APP、社交网络、媒体门户等；

5. 人文艺术“实验+”，包括消费生活、特色手工艺制品、文旅产品、微电影等；

6. 社会科学“实验+”，包含哲学、经济、社会、法律、教育等专业实践研究报告、高水平论文等。

## 四、参赛对象及要求

1. 凡我校在籍全日制本科生、硕士研究生和博士研究生均可参加，学院、专业和年级不限。

2. 学生以小组形式自由组队报名参赛（鼓励学生跨学院、跨学科组队），每组学生 2 ~ 5 人，每人限报 1 项。每个项目需有 1 名指导教师。

3. 竞赛所涉及的发明创造、专利技术、资源等必须拥有清晰合法的知识产权或物权，不得侵犯他人知识产权；抄袭、盗用、提供虚假材料或违反相关法律法规的，一经发现立即取消参赛资格并依法追究相关责任。

4. 在赛前准备、培训和正式比赛过程中，学院（中心）要做好对学生的安全教育，严格遵循实验室的各项安全操作规程，保证实验室和参赛学生的安全。

## 五、赛程安排

1. 专题竞赛策划阶段。每学年春季学期第 5 周前，学院根据本次实验竞赛的主题，确定实验竞赛题目及实施方案。

2. 专题竞赛报名阶段。参赛团队可通过学校或学院公布的网站进行报名。

3. 专题竞赛初赛与复赛阶段。由学院进行组织竞赛的初赛、复赛工作，并推选参与校级决赛的项目。

4. 全校决赛阶段。凡进入决赛的项目，需提供作品及 3 ~ 5 分钟的视频展示，并参加答辩。

5. 全校表彰及作品展示阶段。

具体时间以当年活动通知为准。

## 七、竞赛奖励与支持

1. 竞赛对参赛学生队设金奖、银奖、铜奖，颁发获奖证书及奖金。经学院推荐，凡进入全校决赛的切题作品至少可获铜奖。根据初赛、复赛具体情况，经组委会讨论后，确定参赛组织单位可推荐进入决赛的项目数。

2. 竞赛设优秀指导教师奖（包括校内外指导教师），用以表彰竞赛中涌现出的一批为人师表、耐心指导、无私奉献的校内外的优秀指导教师。

3. 竞赛设优秀组织奖，用以表彰组织效果好、学生参与度高、竞赛成果丰富、与相关企业开展多元化合作的学院。

4. 所有完成作品并进入学院复赛的学生，可根据《西南交通大学创新实践学分认定与管理办法》，比照“个性化实验项目”等级申请创新学分。

5. 学院可参照毕业设计工作量的计算方式，认定竞赛指导教师的工作量，并对优秀指导教师进行相应的奖励。

## 八、附则

1. 本办法由资产与实验室管理处负责解释。
2. 本办法自发布之日起实施。

附录 8

# 西南交通大学本科实验教学质量评估指标

实验名称：______________ 教学单位：______________

评估专家：______________

| 序号 | 评估内容 | 评估指标 | 等级 | | | | |
|---|---|---|---|---|---|---|---|
| | | | 特优 | 优秀 | 良好 | 尚可 | 待改进 |
| 1 | 实验准备 | 1.1 教学大纲符合实验教学实际；围绕实验教学目标；体现教学改革与要求<br>1.2 教材建设与课程建设、实验室建设相结合，体现建设成果<br>1.3 开设的实验项目满足实验室开放教学的要求，并设有综合性、设计性实验<br>1.4 实验教案充实、清晰，突出每次实验教学中的重点和难点<br>1.5 实验仪器、设备满足教学与科研的需要，配套设备仪器齐全；指导教师准备充分 | | | | | |
| 2 | 实验指导 | 2.1 教师讲解、指导学生实际操作各部分时间分配合理，效率高；注重培养学生独立操作的能力<br>2.2 以学生为主体，注重启发式教学方法，注重师生沟通及互动，激发学生的学习兴趣<br>2.3 实验管理规范、有序；实验室仪器设备及时维护；环境整洁卫生<br>2.4 全面提高学生分析问题、解决问题的能力以及理解、动手和创新的能力 | | | | | |
| 3 | 实验考核 | 3.1 实验报告格式、内容符合要求，整体质量高<br>3.2 认真批改实验报告，鼓励学生实验报告中的创新思维<br>3.3 考核方法科学，考核记录准确合理，记载准确、规范 | | | | | |

附录 9

# 西南交通大学实验教学专家评价表

<table>
<tr><td colspan="3">教学单位：</td><td>实验室名称：</td><td colspan="5">地点：</td></tr>
<tr><td colspan="3">课程名称：</td><td>实验项目：</td><td colspan="5">时间：</td></tr>
<tr><td colspan="3">授课教师：</td><td>台套数：</td><td colspan="5">应到人数：　　实到人数：</td></tr>
<tr><td colspan="3">是否独立设课：□是 □否</td><td colspan="6">课程要求：□必修 □限选 □选修</td></tr>
<tr><td colspan="9">实验类型：□演示型　□验证型　□综合型　□设计研究型　□其他</td></tr>
<tr><td colspan="9">实验类别：□基础实验　□专业基础实验　□专业实验</td></tr>
<tr><td rowspan="9">测评内容</td><td rowspan="2">序号</td><td rowspan="2">检查项目</td><td rowspan="2">评价标准</td><td colspan="5">评价等级</td></tr>
<tr><td>特优</td><td>优秀</td><td>良好</td><td>尚可</td><td>待改进</td></tr>
<tr><td>1</td><td>上课状况</td><td>学生出勤率（全勤，90% 以上，75% 以上，60% 以上，60% 以下），课堂秩序，学生操作规范，无安全隐患</td><td></td><td></td><td></td><td></td><td></td></tr>
<tr><td>2</td><td>实验教材</td><td>采用符合实验教学大纲要求的有特色的实验教材</td><td></td><td></td><td></td><td></td><td></td></tr>
<tr><td>3</td><td>实验进度</td><td>教师有完备的教案及教学周历安排，并按时完成教学任务</td><td></td><td></td><td></td><td></td><td></td></tr>
<tr><td>4</td><td>教学指导</td><td>教师指导操作规范、认真负责，回答问题耐心细致，师生互动，指导到位，注重培养学生严谨求实的科学精神</td><td></td><td></td><td></td><td></td><td></td></tr>
<tr><td>5</td><td>教学方法</td><td>突出课程特点，注重启发式教学，引导学生思考、创新。能使用多媒体课件等现代教育手段，明显改善实验教学效果</td><td></td><td></td><td></td><td></td><td></td></tr>
<tr><td>6</td><td>实验内容</td><td>实验项目设置合理，实验内容丰富，信息量大。能够结合实验内容介绍本学科的新成果、新发展，开阔学生视野、激发学生兴趣</td><td></td><td></td><td></td><td></td><td></td></tr>
<tr><td>7</td><td>实验报告</td><td>实验报告内容详细、规范、数据准确真实。教师对实验报告能认真批阅，并指出学生实验报告存在的问题</td><td></td><td></td><td></td><td></td><td></td></tr>
</table>

续表

| | 序号 | 检查项目 | 评价标准 | 评价等级 | | | | |
|---|---|---|---|---|---|---|---|---|
| | | | | 特优 | 优秀 | 良好 | 尚可 | 待改进 |
| 测评内容 | 8 | 实验效果 | 提高实践能力，学生收获大 | | | | | |
| | 9 | 实验大纲 | 有符合培养计划要求的实验教学大纲，要求明确、内容完整、学时分配合理，执行严格 | | | | | |
| | 10 | 教学组织 | 按时提交课表，无私自调停课，无迟到早退，按要求开展实验教学 | | | | | |
| | 11 | 实验室开放 | 实验室对本科生开放成果，接纳本科生毕业设计效果 | | | | | |
| | 12 | 实验耗材 | 有完整的实验耗材使用台账，采购、使用及保管环节完备 | | | | | |
| | 13 | 日常维护 | 实验室干净整洁，实验准备齐全充分，实验仪器设备完好，满足实验教学的要求 | | | | | |
| | 总体评价 | | | | | | | |
| 其他 | | | | | | | | |

专家签字：　　　　　　　　　　　　　　　　填表时间：

附录 10

# 西南交通大学实验课程教师自评表

| | | |
|---|---|---|
| 教学单位： | 实验室名称： | 地点： |
| 课程名称： | 实验项目： | 时间： |
| 授课教师： | 台套数： | 应到人数：　　　实到人数： |
| 是否独立设课：□是 □否 | 课程要求：□必修 □限选 □选修 | |
| 实验类型：□演示型　□验证型　□综合型　□设计研究型　□其他 | | |
| 实验类别：□基础实验　□专业基础实验　□专业实验 | | |

| | 序号 | 检查项目 | 评价标准 | 评价等级 | | | | |
|---|---|---|---|---|---|---|---|---|
| | | | | 特优 | 优秀 | 良好 | 尚可 | 待改进 |
| 测评内容 | 1 | 上课状况 | 学生出勤率（全勤，90%以上，75%以上，60%以上，60%以下），课堂秩序，学生操作规范，无安全隐患 | | | | | |
| | 2 | 实验教材 | 采用符合实验教学大纲要求的有特色的实验教材 | | | | | |
| | 3 | 实验进度 | 教师有完备的教案及教学周历安排，并按时完成教学任务 | | | | | |
| | 4 | 教学指导 | 教师指导操作规范、认真负责，回答问题耐心细致，师生互动，指导到位，注重培养学生严谨求实的科学精神 | | | | | |
| | 5 | 教学方法 | 突出课程特点，注重启发式教学，引导学生思考、创新。能使用多媒体课件等现代教育手段，明显改善实验教学效果 | | | | | |
| | 6 | 实验内容 | 实验项目设置合理，实验内容丰富，信息量大。能够结合实验内容介绍本学科的新成果、新发展，开阔学生视野、激发学生兴趣 | | | | | |
| | 7 | 实验报告 | 实验报告内容详细、规范、数据准确真实。教师对实验报告能认真批阅，并指出学生实验报告存在的问题 | | | | | |
| | 8 | 实验效果 | 提高实践能力，学生收获大 | | | | | |

续表

<table>
<tr><td rowspan="2"></td><td rowspan="2">序号</td><td rowspan="2">检查项目</td><td rowspan="2">评价标准</td><td colspan="5">评价等级</td></tr>
<tr><td>特优</td><td>优秀</td><td>良好</td><td>尚可</td><td>待改进</td></tr>
<tr><td rowspan="6">测评内容</td><td>9</td><td>实验大纲</td><td>有符合培养计划要求的实验教学大纲，要求明确、内容完整、学时分配合理，执行严格</td><td></td><td></td><td></td><td></td><td></td></tr>
<tr><td>10</td><td>教学组织</td><td>按时提交课表，无私自调停课，无迟到早退，按要求实施实验教学</td><td></td><td></td><td></td><td></td><td></td></tr>
<tr><td>11</td><td>实验室开放</td><td>实验室对本科生开放成果、接纳本科生毕业设计效果</td><td></td><td></td><td></td><td></td><td></td></tr>
<tr><td>12</td><td>实验耗材</td><td>有完整的实验耗材使用台账，采购、使用及保管环节完备</td><td></td><td></td><td></td><td></td><td></td></tr>
<tr><td>13</td><td>日常维护</td><td>实验室干净整洁，实验准备齐全充分，实验仪器设备完好，满足实验教学的要求</td><td></td><td></td><td></td><td></td><td></td></tr>
<tr><td colspan="3">总体评价</td><td colspan="5"></td></tr>
<tr><td>其他</td><td colspan="8"></td></tr>
</table>

实验课程教师：　　　　　　　　　　填表时间：

附录 11

# 西南交通大学本科实验课程学生评价问卷

1. 总体来说，我认为该实验很有用，我在实验中学到的东西对我今后的学习、工作和生活会有很大帮助。（单选，占总分的 10.0%，必选）

A. 完全符合

B. 符合

C. 基本符合

D. 基本不符合

E. 完全不符合

2. 总体来说，我认为，该实验的教学很好地激发了我的学习兴趣并调动了我的学习积极性，我在该实验学习中付出了最大努力。（单选，占总分的 10.0%，必选）

A. 完全符合

B. 符合

C. 基本符合

D. 基本不符合

E. 完全不符合

3. 总体来说，我认为，该实验的教学组织得很好，实验教师教导有方。（单选，占总分的 10.0%，必选）

A. 完全符合

B. 符合

C. 基本符合

D. 基本不符合

E. 完全不符合

4. 总体来说，我认为，实验为我们的学习设立了高标准，我必须努力学习才能达到要求。（单选，占总分的 10.0%，必选）

A. 完全符合

B. 符合

C. 基本符合

D. 基本不符合

E. 完全不符合

5. 通过该实验学习，我理解并掌握了实验重要基础知识，同时形成了较完整的实验框架与知识体系。（单选，占总分的 10.0%，必选）

A. 完全符合

B. 符合

C. 基本符合

D. 基本不符合

E. 完全不符合

6. 通过该实验，我学会了如何将知识应用于实践。（单选，占总分的 10.0%，必选）

A. 完全符合

B. 符合

C. 基本符合

D. 基本不符合

E. 完全不符合

7. 我认为实验教师学科知识渊博，上课充满激情，讲解清晰、有条理，富有启发性。（单选，占总分的 10.0%，必选）

A. 完全符合

B. 符合

C. 基本符合

D. 基本不符合

E. 完全不符合

8. 老师为我提供的学习资源以及引导我们自主寻找的学习资源（包括教材、讲义、参考书目、在线实验、网上测试资源等），对我的学习帮助很大。（单选，占总分的 10.0%，必选）

A. 完全符合

B. 符合

C. 基本符合

D. 基本不符合

E. 完全不符合

9. 我认为该实验的成绩评定方法中所包含的考核项目，如考试、实验设计、实验报告等，可以很好地引导我学习，特别是激励我在整个学期中都努力学习。（单选，占总分的 10.0%，必选）

A. 完全符合

B. 符合

C. 基本符合

D. 基本不符合

E. 完全不符合

10. 作业和考试后，老师或助教针对我的学习情况给予了及时且有价值的反馈，这些反馈可以很好地帮助我了解如何改进学习。（单选，占总分的 10.0%，必选）

A. 完全符合

B. 符合

C. 基本符合

D. 基本不符合

E. 完全不符合

11. 我能高效地完成这项实验。（单选，占总分的 0.0%，可选）

A. 完全符合

B. 符合

C. 基本符合

D. 基本不符合

E. 完全不符合

12. 实验教师能够清晰地解释实验过程中的重难点。（单选，占总分的 0.0%，可选）

A. 完全符合

B. 符合

C. 基本符合

D. 基本不符合

E. 完全不符合

13. 提供的实验习题是有价值的学习辅助材料。（单选，占总分的 0.0%，可选）

A. 完全符合

B. 符合

C. 基本符合

D. 基本不符合

E. 完全不符合

14. 通过该实验的训练，我的专业技能得到了提升。（单选，占总分的 0.0%，可选）

A. 完全符合

B. 符合

C. 基本符合

D. 基本不符合

E. 完全不符合

15. 实验教师鼓励学生采用不同实验方法完成实验项目。（单选，占总分的 0.0%，可选）

A. 完全符合

B. 符合

C. 基本符合

D. 基本不符合

E. 完全不符合

16. 实验教师能合理地安排实验项目进度。（单选，占总分的 0.0%，可选）

A. 完全符合

B. 符合

C. 基本符合

D. 基本不符合

E. 完全不符合

17. 你认为该实验哪个环节你最满意？（填空，必选）

18. 你认为该实验哪个方面最需要改进？（填空，必选）

（注：本问卷中 A 选项计 5 分，B 选项计 4 分，C 选项计 3 分，D 选项计 2 分，E 选项计 1 分。）

附录 12

# 西南交通大学本科实验课程评估报告（评估专家用）

课程代码：______________ 课程名称：______________

教学单位：______________ 完成日期：________________

一、实验课程教学最突出优点

（请简单描述与其他实习课程相比，本课程给您印象最深的优点。）

二、教学中存在主要问题

1．实验准备

2．实验指导

3．实验考核

三、改进意见建议

（请明确写出若干条改进意见、建议，将作为今后评估课程持续改进情况的主要依据。）

四、评估结论（评估结论等级：特优/优秀/良好/尚可/待改进）

附录 13

# 西南交通大学本科实验课程改进计划报告（初评课程教师用）

课程代码：＿＿＿＿＿＿　　课程名称：＿＿＿＿＿＿＿＿

教学单位：＿＿＿＿＿＿　　完成日期：＿＿＿＿＿＿＿＿

| |
|---|
| 改进计划报告撰写的重点应放在针对上一轮实验课程评估报告中反馈的问题，提出的意见、建议，对教学中存在的主要问题进行反思，逐一进行分析并说明改进计划。 |

附录 14

# 西南交通大学本科实验课程改进成效报告（复评课程教师用）

课程代码：________________ 课程名称：________________

教学单位：________________ 完成日期：________________

| |
|---|
| 改进成效报告撰写的重点应放在实验课程是如何将改进计划具体落实在本学期实验课程教学中的，说明课程持续改进的做法与效果。 |

附录 15

# 本科实验教学大纲模板

## 一、独立设课的实验课程教学大纲模板

### ________课程实验教学大纲

开课学院：
开课校区：☐犀浦　☐九里　☐峨眉
开课实验（室）中心：　　　　　　　　　LAB：（英文名称）
课程名称：　　　　　　　　　　　　　　Course Name：（英文名称）
课程代码：
课程类别：基础/专业基础/专业
课程性质：必修/选修
课程学分：　　　　　　　　　　　　　　实验学时：
实验项目数：　　　　　（必开），　　　　　　　（选开）
适用学科专业：
先修课程：
撰写人：　　　　　　撰写日期：　　　　　　审核人：

## 一、课程简介

Introduce to Experiments（英文简介）

## 二、实验教学目标及总体要求

The experimental teaching tasks and requirements
（英文实验教学目标及总体要求）

## 三、考核方式

## 四、实验教材/讲义

| 教材/讲义名称 | 编者 | 出版社 | 出版（编写）时间 | 教材/讲义 |
| --- | --- | --- | --- | --- |
| | | | | |
| | | | | |
| | | | | |

## 五、课程内容安排和具体要求

（一）教学内容及要求

1. 项目名称

（1）项目代码：

（2）实验学时：

（3）每组人数：

（4）项目类型：

（5）必开/选开：

（6）设备名称及台套数：

| 序号 | 设备名称 | 型号 | 台套数 |
| --- | --- | --- | --- |
| | | | |
| | | | |
| | | | |

注：峨眉与成都校区同时开设的实验，请在备注中填写峨眉校区实验室的设备台套数。

（7）主要耗材：

| 序号 | 耗材名称 | 备注 |
| --- | --- | --- |
| | | |
| | | |
| | | |

（8）实验内容简介：

2．项目名称

（1）项目代码：

（2）实验学时：

（3）每组人数：

（4）项目类型：

（5）必开/选开：

（6）设备名称及数量：

| 序号 | 设备名称 | 型号 | 数量 |
|---|---|---|---|
| | | | |
| | | | |
| | | | |

（7）主要耗材：

| 序号 | 耗材名称 | 备注 |
|---|---|---|
| | | |
| | | |
| | | |

（8）实验内容简介：

3．项目名称

……

……

（以此格式列举课程中所有实验项目）

注：

1. 项目代码为：XXXXXXX-01，XXXXXXX-02，……，前半段为课程代码，后半段为序号；

2. 项目类型为：演示性/验证性/综合性/设计研究/其他。

（二）自学内容和要求

## 二、独立设课的实验课程教学大纲示例

# 基础力学实验课程实验教学大纲

开课学院：力学与工程学院

开课校区：√犀浦 □九里 □峨眉

开课实验（室）中心：力学国家级实验教学示范中心 LAB：National Demonstration Center for Experimental Mechanics Education

课程名称：基础力学实验　　Course Name：Fundamental Mechanics Experiment

课程代码：1171004

课程类别：专业

课程性质：必修

课程学分：1　　实验学时：32（实验/实践环节每 32 学时为 1 学分）

实验项目数：8（必开），4（选开）

适用学科专业：工程力学、飞行器设计与工程

先修课程：理论力学、材料力学

撰写人：储××　撰写日期：2017-3-31　审核人：高××

## 一、课程简介

基础力学实验是我校工程力学力本科专业的一门独立实验课程，教学内容包括实验理论、实验操作方法和实验技能，基础力学实验课的类型包括：基础性、综合性和设计性实验。课程要求学生掌握直杆件的强度、刚度及轴心受压杆件稳定性的力学知识，能运用强度、刚度及稳定件条件对杆件进行校核、截面设计及载荷确定等工作，初步熟悉材料力学性能实验的基本操作与应变电测方法，为将来在工程设计与计算分析中合理地选择材料、确定结构型式、选定截面尺寸和形状提供必要的理论基础、计算方法及实验技术，为今后从事相关工作打下良好的专业理论和实验技能基础。

（Introduction to Experiments）

Fundamental mechanics experiment is an independent experimental course of undergraduate engineering mechanics major in our school, and the course content is comprised of experimental theories, experimental operation methods and experimental technical abilities. And furthermore, curriculum types include fundamental, integrated and designing experiments. According to curriculum goals, the mechanical knowledge of straight member bar strength, stiffness and compression member stability is required to master by students, who are able to utilize strength, stiffness and stability conditions to strength checking, section design and load confirmation, in addition, students should be acquainted with mechanical properties of materials experimental technical abilities and strain electrometic methods initially. From the view of curriculum significance, it can not only afford necessary theoretical basis, computing methods and experimental techniques to reasonable selecting materials, confirming construction pattern and choosing section size and shape in future engineering design and calculation analysis, but also make preparations for the work in future in regard to specialized theory and experimental technical abilities.

## 二、实验教学目标及总体要求

实验教学是该课程教学的主要内容，学生通过基础力学实验深层次学习与分析、自主性实验设计、实验技术研究与操作、工程性研究性实验锻炼、实验结果分析与讨论等环节，可巩固基础学实验的基本理论与方法，熟练掌握相关仪器设备性能以及相关的力学实验（试验）与测量技术，同时可培养学生运用专业理论知识分析与解决工程中力学问题的基础能力。

学生应基于课程认真预习有关实验内容、认真参加实验并遵守实验室相关规定，要求学生了解仪器、设备的工作原理和使用方法，掌握实验与测试基本方法和技能。一般每个实验小组 1～2 人，每个实验过程 2 小时，由学生组独立完成。

（The experimental teaching tasks and requirements）

Experimental teaching is the main content of this course. Deep-level study and analysis are obtained by means of fundamental mechanics experiment, moreover, independent experiment design, experimental techniques and operation, engineering research experiment, experimental results analysis and discussion, etc., are all included in this course. Due to above experimental link, the essential theory and method of fundamental experiments can be consolidated, and instrument equipment performance and measurement techniques of relevant mechanical experiments can be expertly grasped. In the meantime, the primary ability of applying professional theory knowledge to analyzing and solving mechanical problems in engineering can be cultivated.

In the process of this course, students are supposed to seriously prepare relevant experimental lessons before class, earnestly participate in experiments and observe relevant stipulation in the lab. In addition, the working principle and operating method of instrument equipment should be comprehended by students, as well as the basic method and technical ability of experiments and measurement. An experimental group are usually comprised of one or two persons, and two hours per experiment which is independently accomplished by students.

## 三、考核方式

本课程采用平时考核、实验操作和实验报告来综合评定学生的成绩，着重考查学生基本操作的掌握程度，实验结果的准确度和精密度，灵活运用所学知识分析、解决问题的能力及运用所学知识完成研究型实验的能力。基础实验部分采用智能实验报告批改系统在线提交，系统自动评分，综合设计性实验采用纸质报告形式。每个实验的评分包括：预习报告 20%，实际操作 40%，实验报告 40%。平时考核占总成绩 20%，实验部分占总成绩 80%。

## 四、实验教材/讲义

| 教材/讲义名称 | 编者 | 出版社 | 出版（编写）时间 | 教材/讲义 |
|---|---|---|---|---|
| 基础力学实验教程 | 高芳清、储节磊 | / | 2014 年 6 月 | 讲义 |
| 基础力学综合性提高性实验（Ⅱ） | 高芳清、储节磊、罗会亮、熊莉 | / | 2014 年 6 月 | 讲义 |
| 材料力学实验教程 | 王绍铭、邢建新、高芳清、熊莉、江晓禹 | 西南交通大学出版社 | 2009 年 6 月 | 教材 |

## 五、课程内容安排和具体要求

（一）教学内容及要求

1. 低碳钢、铸铁拉压力学性能实验

（1）项目代码：1171004-01

（2）实验学时：4

（3）每组人数：2～3

（4）项目类型：验证性

（5）必开/选开：必开

（6）设备名称及台套数：

| 序号 | 设备名称 | 型号 | 台套数 | 备注 |
|---|---|---|---|---|
| 1 | 微机控制电子万能实验机（包括计算机、打印机） | WDW3100 | 10 台 | |
| 2 | 投影仪 | / | 1 台 | |
| 3 | 标距仪、游标卡尺等 | / | 4 套 | |

注：峨眉与成都校区同时开设的实验，请在备注中填写峨眉校区实验室的设备台套数。

（7）主要耗材：

| 序号 | 耗材名称 | 备注 |
|---|---|---|
| 1 | 低碳钢拉伸试件 | Φ10 mm，10 个 |
| 2 | 低碳钢压缩试件 | Φ10 mm，10 个 |
| 3 | 铸铁拉伸试件 | Φ10 mm，10 个 |
| 4 | 铸铁压缩试件 | Φ10 mm，10 个 |

（8）实验内容简介：

拉伸压缩实验是研究材料力学性能最基本、应用最广泛的实验。拉压实验测定的力学性能指标是机件或构件设计计算的依据，是评定和选择结构材料的主要依据。本实验提供低碳钢和铸铁两种金属材料，实验内容包括：了解万能材料试验机的构造和工作原理，掌握其操作规程及使用时的注意事项，观察万能试验机对低碳钢、铸铁材料进行轴向拉伸和压缩过程中不同材料的变形形式和破坏断口形状，绘制 $F-\Delta L$ 曲线，测定低碳钢拉伸时的屈服极限 $\sigma_s$，强度极限 $\sigma_b$、伸长率 $\delta$、断面收缩率 $\psi$，测定铸铁拉伸时的强度极限 $\sigma_b$，测定压缩时低碳钢的屈服极限 $\sigma_s$ 和铸铁的强度极限 $\sigma_b$，比较低碳钢（塑性材料）与铸铁（脆性材料）拉伸时的机械性质。

2. 低碳钢拉伸时，$E$ 值和 $\mu$ 值测定实验

（1）项目代码：1171004-02

（2）实验学时：4

（3）每组人数：2～3

（4）项目类型：验证性

（5）必开/选开：必开

（6）设备名称及台套数：

| 序号 | 设备名称 | 型号 | 台套数 | 备注 |
|---|---|---|---|---|
| 1 | 微机控制电子万能实验机（包括计算机、打印机） | WDW3100 | 10 台 | |
| 2 | 电阻应变仪 | YD88 | 10 台 | |
| 3 | 投影仪 | / | 1 台 | |

**注：峨眉与成都校区同时开设的实验，请在备注中填写峨眉校区实验室的设备台套数。**

（7）主要耗材：

| 序号 | 耗材名称 | 备注 |
|---|---|---|
| 1 | 电阻应变计 | 3 mm×5 mm，60 个 |
| 2 | 导线 | 200 m |
| 3 | 贴片工具（烙铁、焊锡、胶水等） | 10 套 |

（8）实验内容简介：

弹性模量和泊松比反映了材料的弹性性能，是非常重要的参数。本实验是在拉伸加载方式下测定材料的弹性模量和泊松比。实验内容包括：掌握电阻应变仪的使用方法，了解金属拉伸弹性模量与泊松比测试规范与方法，分析测试数据，计算 $E\mu$ 值。

3. 低碳钢、铸铁扭转实验

（1）项目代码：1171004-03

（2）实验学时：4

（3）每组人数：2～3

（4）项目类型：验证性

（5）必开/选开：必开

（6）设备名称及台套数：

| 序号 | 设备名称 | 型号 | 台套数 | 备注 |
|---|---|---|---|---|
| 1 | 微机控制扭转实验机（包括计算机、打印机） | RNJ-1000/<br>QBN-2000L/<br>QBN-10000L | 6台 | |
| 2 | 投影仪 | / | 1台 | |

注：峨眉与成都校区同时开设的实验，请在备注中填写峨眉校区实验室的设备台套数。

（7）主要耗材：

| 序号 | 耗材名称 | 备注 |
|---|---|---|
| 1 | 低碳钢扭转试样 | Φ15 mm，6个 |
| 2 | 铸铁扭转试样 | Φ15 mm，6个 |

（8）实验内容简介：

工程中承受扭转的构件很多，材料扭转变形下的力学性能，如剪切屈服极限、抗扭强度和切变模量等是进行扭转强度计算和刚度计算的依据。本实验内容包括：掌握扭转试验机的使用方法，掌握金属材料扭转力学性能的测试规范与方法，测定低碳钢的剪切屈服极限 $\tau_s$ 及剪切强度极限 $\tau_b$，分析两种材料扭转力学性能的区别、断口形貌及破坏原因。

4. 矩形梁纯弯曲电测实验

（1）项目代码：1171004-04

（2）实验学时：4

（3）每组人数：2～3

（4）项目类型：验证性

（5）必开/选开：必开

（6）设备名称及台套数：

| 序号 | 设备名称 | 型号 | 台套数 | 备注 |
|---|---|---|---|---|
| 1 | 多功能实验台 | XL3418C | 16台 | |
| 2 | 电阻应变仪 | DH3818 | 16台 | |

注：峨眉与成都校区同时开设的实验，请在备注中填写峨眉校区实验室的设备台套数。

（7）主要耗材：

| 序号 | 耗材名称 | 备注 |
|---|---|---|
| 1 | 电阻应变计 | 3 mm×5 mm，80个 |
| 2 | 导线 | 240 m |
| 3 | 贴片工具（烙铁、焊锡、胶水等） | 16套 |

（8）实验内容简介：

梁是工程中常见的承载构建，因此有必要来研究梁的应力分布情况，由应力的定义可知，应力是无法直接测量的，只能通过测量构件承载后产生的变形获得。本实验的内容包括：了解多功能实验台的使用方法，掌握应变电测原理及电阻应变仪的使用方法，测定梁纯弯曲时的正应力分布规律，验证弯曲正应力公式，分析实验数据，并与理论计算结果进行比较，撰写实验报告，分析误差产生的原因。

5. 应变片粘贴及组桥电测实验

（1）项目代码：1171004-05

（2）实验学时：4

（3）每组人数：1～2

（4）项目类型：综合性和设计研究

（5）必开/选开：必开

（6）设备名称及台套数：

| 序号 | 设备名称 | 型号 | 台套数 | 备注 |
| --- | --- | --- | --- | --- |
| 1 | 多功能实验台 | XL3418C | 16 台 | |
| 2 | 电阻应变仪 | DH3818 | 16 台 | |
| 3 | 悬臂梁 | / | 16 根 | |

注：峨眉与成都校区同时开设的实验，请在备注中填写峨眉校区实验室的设备台套数。

（7）主要耗材：

| 序号 | 耗材名称 | 备注 |
| --- | --- | --- |
| 1 | 电阻应变计 | 3 mm×5 mm，64 个 |
| 2 | 导线 | 200 m |
| 3 | 贴片工具（烙铁、焊锡、胶水等） | 16 套 |

（8）实验内容简介：

电测应变技术是力学实验常用的应变测试手段，要求学生通过本实验掌握电测应变的材料原理和方法。本实验将在悬臂梁上下表面的四枚应变片组成不同的桥路，测量不同桥路方式下的应变值，以便了解测量电桥加减特性、各种组桥的接线方法和特点以及不同组桥方式对测量灵敏度的影响。实验内容包括：学习应变片粘贴、接线、防潮、检查工作，组成不同测试桥路，获取测试数据，分析实验数据，撰写实验报告。

6. 偏心拉伸实验

（1）项目代码：1171004-06

（2）实验学时：4

（3）每组人数：1～2

（4）项目类型：综合性和设计研究

（5）必开/选开：必开

（6）设备名称及台套数：

| 序号 | 设备名称 | 型号 | 台套数 | 备注 |
|---|---|---|---|---|
| 1 | 多功能实验台 | XL3418C | 16 台 | |
| 2 | 电阻应变仪 | DH3818 | 16 台 | |
| 3 | 拉伸试件 | / | 16 根 | |

注：峨眉与成都校区同时开设的实验，请在备注中填写峨眉校区实验室的设备台套数。

（7）主要耗材

| 序号 | 耗材名称 | 备注 |
|---|---|---|
| 1 | 电阻应变计 | 3 mm×5 mm，64 个 |
| 2 | 导线 | 200 m |
| 3 | 贴片工具（烙铁、焊锡、胶水等） | 16 套 |

（8）实验内容简介：

测定偏心拉伸试样材料的弹性模量 $E$，测定偏心拉伸试样的偏心距 $e$，学习组合载荷作用下由内力产生的应变成分分别单独测量的方法。

7. 弯扭组合实验

（1）项目代码：1171004-07

（2）实验学时：4

（3）每组人数：1～2

（4）项目类型：综合性

（5）必开/选开：必开

（6）设备名称及台套数：

| 序号 | 设备名称 | 型号 | 台套数 | 备注 |
|---|---|---|---|---|
| 1 | 多功能实验台 | XL3418C | 16 台 | |
| 2 | 电阻应变仪 | DH3818 | 16 台 | |
| 3 | 薄壁圆筒试件 | / | 16 根 | |

注：峨眉与成都校区同时开设的实验，请在备注中填写峨眉校区实验室的设备台套数。

（7）主要耗材：

| 序号 | 耗材名称 | 备注 |
|---|---|---|
| 1 | 电阻应变计 | 3 mm×5 mm，64 个 |
| 2 | 导线 | 200 m |

（8）实验内容简介：

在工程中受弯扭组合作用的构建比比皆是，一般来说，对组合受力的构件，其截面上的内力既有弯矩和剪力又有扭矩的作用，有时还有轴力。所以组合受力条件下的构件属于平面应力状态。对于这类构件，工程中一般要解决下列两类问题，第一是强度校核即测定危险点的应力状态，确定主应力值和主方向；第二是优化设计即分离截面上的内力，确定各内力的贡献大小。因此本实验的主要内容是用电测方法测定平面应力状态下主应力的大小及方向，学习电阻应变的应用。

8. 压杆稳定实验

（1）项目代码：1171004-08

（2）实验学时：4

（3）每组人数：1～2

（4）项目类型：综合性

（5）必开/选开：必开

（6）设备名称及台套数量：

| 序号 | 设备名称 | 型号 | 台套数 | 备注 |
|---|---|---|---|---|
| 1 | 多功能力学系统 | DLS-A | 16 台 | |
| 2 | 电脑 | DELL | 16 台 | |
| 3 | 打印机 | HP1008 | 2 台 | |

注：峨眉与成都校区同时开设的实验，请在备注中填写峨眉校区实验室的设备台套数。

（7）主要耗材：

| 序号 | 耗材名称 | 备注 |
|---|---|---|
| 1 | 压杆试件 | 2 mm×20 mm，16 根 |
| 2 | 支撑配件（垫块，钢珠卡子等） | 16 套 |

（8）实验内容简介：

横截面和材料相同的压杆，由于杆的长度不同，其抵抗外力的性质将发生根本的改变。短粗的压杆是强度问题，而细长的压杆是稳定问题。细长压杆的承载能力远低于短粗压杆，因此研究压杆的稳定性极为重要。本试验内容包括：观察细长中心受压杆件失稳的现象，测定两端固定、两端铰支、一端铰支一端固定、两端铰支加中间支撑四种支撑方式下试件的临界力，计算实验误差。

9. 动应力实验

（1）项目代码：1171004-09

（2）实验学时：4

（3）每组人数：1～2

（4）项目类型：综合性

（5）必开/选开：选开

（6）设备名称及台套数：

| 序号 | 设备名称 | 型号 | 台套数 | 备注 |
|---|---|---|---|---|
| 1 | 激振器 | JZQ-100 型 | 10 台 | |
| 2 | 电阻应变仪 | DH3818 | 16 台 | |
| 3 | XH 信号源 | / | 4 套 | |
| 4 | 计算机 | DELL | 10 台 | |
| 5 | 游标卡尺 | | 10 把 | |

注：峨眉与成都校区同时开设的实验，请在备注中填写峨眉校区实验室的设备台套数。

（7）主要耗材：

| 序号 | 耗材名称 | 备注 |
|---|---|---|
| 1 | 重物 | 10 套 |

（8）实验内容简介：

工程中经常会遇到构件受动载荷作用的情况，如高速旋转的螺旋桨、紧急制动的转轴、受强迫振动的梁等。由于构件在动载荷作用下的应力要比在静载荷作用下的应力大得多，因此，测量和分析构件在动载荷作用下的动应力问题是非常重要的。本实验以悬臂梁为研究对象，测量在强迫振动和冲击时的动应力，学习动态应变测量技术和动态电阻应变仪及其测试软件的使用方法，测量悬臂梁在强迫振动时的动应力 $\sigma_d$，并与理论值进行比较，测量悬臂梁在突加载荷作用时的动荷系数 $k_d$，并与理论值进行比较。

10. 复合材料力学行为研究实验

（1）项目代码：1171004-10

（2）实验学时：4

（3）每组人数：1～2

（4）项目类型：综合性和设计研究

（5）必开/选开：选开

（6）设备名称及台套数：

| 序号 | 设备名称 | 型号 | 台套数 | 备注 |
|---|---|---|---|---|
| 1 | 电阻应变仪 | DH3818 | 16 台 | |
| 2 | 电子万能试验机 | WDW3100 | 10 台 | |
| 3 | 游标卡尺 | / | 4 套 | |

注：峨眉与成都校区同时开设的实验，请在备注中填写峨眉校区实验室的设备台套数。

（7）主要耗材：

| 序号 | 耗材名称 | 备注 |
|---|---|---|
| 1 | 单向增强复合材料试件 | 16 套 |

（8）实验内容简介：

复合材料是一种新型的工程结构材料。它是由两种或两种以上不同性能的材料用物理或化学方法制成的具有新性能的材料，其性能优于其组分材料的性能。本实验的内容包括掌握复合材料弹性常数测试方法，测定复合材料的五项弹性常数，即 $E_1$、$E_2$、$\mu_{21}$、$\mu_{12}$ 和 $G_{12}$，认识复合材料各向异性的特点，研究沿轴性态中 $E_1$、$E_2$、$\mu_{21}$、$\mu_{12}$ 之间的关系。

11. 组合梁应力分析实验

（1）项目代码：1171004-11

（2）实验学时：4

（3）每组人数：2～4

（4）项目类型：综合性和设计研究
（5）必开/选开：选开
（6）设备名称及台套数：

| 序号 | 设备名称 | 型号 | 台套数 | 备注 |
|---|---|---|---|---|
| 1 | 电阻应变仪 | DH3818 | 16 台 | |
| 2 | 电子万能试验机 | WDW3100 | 10 台 | |
| 3 | 游标卡尺 | / | 4 套 | |

注：峨眉与成都校区同时开设的实验，请在备注中填写峨眉校区实验室的设备台套数。

（7）主要耗材：

| 序号 | 耗材名称 | 备注 |
|---|---|---|
| 1 | 组合梁 | 16 套 |

（8）实验内容简介：
本实验采用一个钢梁与一个铝梁上下叠放，用电测法测定组合梁的应力并分析规律，学习如何根据测试结果建立力学计算模型，通过实验和理论分析，了解不同材料、不同约束条件对组合梁的内力及应力分布规律的影响。
12. 开口薄臂杆件应力分布特性研究实验
（1）项目代码：1171004-12
（2）实验学时：4
（3）每组人数：2～4
（4）项目类型：综合性和设计研究
（5）必开/选开：选开
（6）设备名称及台套数：

| 序号 | 设备名称 | 型号 | 台套数 | 备注 |
|---|---|---|---|---|
| 1 | 电阻应变仪 | DH3818 | 10 台 | |
| 2 | 电子万能试验机 | WDW3100 | 10 台 | |
| 3 | 游标卡尺 | / | 4 套 | |

注：峨眉与成都校区同时开设的实验，请在备注中填写峨眉校区实验室的设备台套数。

（7）主要耗材：

| 序号 | 耗材名称 | 备注 |
|---|---|---|
| 1 | 薄壁截面杆件试样及加载附件 | 10 套 |

（8）实验内容简介：
薄壁杆件具有可以减轻结构重量、降低材料消耗，并且可以美化结构造型等优点，所以在土木建筑、车辆、飞机、船舶等领域广泛应用。本试验内容包括：观察开口薄壁截面杆

件的受力变形特点，认识开口薄壁截面杆件应力分布规律，认识薄壁截面杆件特有的内力分量——双力矩，学习薄壁截面杆件内力分析方法。

注：

1. 项目代码为：XXXXXXX-01，XXXXXXX-02，……，前半段为课程代码，后半段为序号；

2. 项目类型为：演示性/验证性/综合性/设计研究/其他。

（二）自学内容和要求

实验前要求学生自学实验安全知识、实验室规章制度等，基本实验部分要求学生在实验前完成网上预习报告，实验结束后在线提交实验报告内容。

## 三、非独立设课的课内实验教学大纲模板

### ________课内实验教学大纲

开课学院：
开课校区：□犀浦　□九里　□峨眉
开课实验（室）中心：
课程名称：
课程代码：
课程类别：基础/专业基础/专业
课程性质：必修/选修
课程学分：　　　　实验学分：　　　　实验学分：实验学时：
实验项目数：　　　　（必开），　　　　（选开）
适用学科专业：
先修课程：
撰写人：　　　　撰写日期：　　　　审核人：

一、实验简介

二、实验教学任务及要求

三、考核方式

## 四、实验教材/讲义

| 教材/讲义名称 | 编者 | 出版社 | 出版（编写）时间 | 教材/讲义 |
| --- | --- | --- | --- | --- |
| | | | | |
| | | | | |
| | | | | |

## 五、课程内容安排和具体要求

（一）教学内容、要求及教学方法

1. 项目名称

（1）项目代码：

（2）实验学时：

（3）每组人数：

（4）项目类型：

（5）必开/选开：

（6）设备名称及台套数：

| 序号 | 设备名称 | 型号 | 台套数 |
| --- | --- | --- | --- |
| | | | |
| | | | |
| | | | |

注：峨眉与成都校区同时开设的实验，请在备注中填写峨眉校区实验室的设备台套数。

（7）主要耗材：

| 序号 | 耗材名称 | 备注 |
| --- | --- | --- |
| | | |
| | | |
| | | |

（8）实验内容简介：

2. 项目名称

（1）项目代码：

（2）实验学时：

（3）每组人数：

（4）项目类型：
（5）必开/选开：
（6）设备名称及台套数：

| 序号 | 设备名称 | 型号 | 台套数 |
|---|---|---|---|
| | | | |
| | | | |
| | | | |

注：峨眉与成都校区同时开设的实验，请在备注中填写峨眉校区实验室的设备台套数。

（7）主要耗材：

| 序号 | 耗材名称 | 备注 |
|---|---|---|
| | | |
| | | |
| | | |

（8）实验内容简介：

3. 项目名称

……
……
（以此格式列举课程中所有实验项目）

注：
1. 项目代码为：XXXXXXX-01，XXXXXXX-02，……，前半段为课程代码，后半段为序号；
2. 项目类型为：演示性/验证性/综合性/设计研究/其他。

（二）自学内容和要求

# 四、非独立设课的课内实验教学大纲示例

## 材料力学AI课内实验教学大纲

开课学院：力学与工程学院
开课校区：√犀浦　□九里　□峨眉
开课实验（室）中心：力学实验中心
课程名称：材料力学AI
课程代码：6322010
课程类别：专业基础
课程性质：必修
课程学分：3　　　　实验学分：0.5　　　　实验学时：16
实验项目数：4（必开），2（选开）
适用学科专业：工程力学，飞行器设计与工程，土木工程
先修课程：理论力学
撰写人：罗××　　　　撰写日期：2017-3-30　　　　审核人：高××

### 一、实验简介

材料力学是一门重要的工科专业基础课程，主要教授可变形固体材料及其制成构件（杆、轴、梁等）承受各种静、动荷载时的强度、刚度和稳定性等力学性能，主要讲述应力状态的概念与分析方法、广义胡克定律、强度理论、脆性和塑性破坏形式等。实验是该课程教学的重要组成部分，开展的实验项目可分成两类：验证型（必开，4项）和综合设计型（选开，2项）。学生通过实验可对材料的力学性能表征及其测定规范与方法有更深入地了解，通过实验过程与分析，可基于理论与实验的相互印证以达到巩固理论知识、学会使用仪器设备、掌握基本实验技能等目的，同时可培养学生运用理论知识分析与解决工程中力学问题的基础能力。

### 二、实验教学任务及要求

实验教学是以培养学生掌握基本实验技能、强化动手和解决问题的能力、树立科学严谨的思维与态度作为基本任务。通过实验的开展，讲授电子万能试验机、扭转试验机、应变电测及应变仪和引申计的基本原理和使用方法，学生可掌握材料基本力学性能的测试规范与技术以及塑性材料和脆性材料基本拉压、扭转力学性能的区别，培养关于理论源于试验和验证于实验的思维方式。

学生应基于实验中心实验教学管理系统预习有关实验内容、认真参加实验并遵守实验室

相关规定，要求学生认真完成每一个实验过程，了解仪器、设备的工作原理和使用方法，掌握实验与测试基本方法和技能。一般每个实验小组1～3人，每个实验过程2小时，均由每组学生独立完成。

## 三、考核方式

（1）实验前，通过实验教学网络管理系统进行实验预习、提交预习报告并进行实验预约。预习报告通过网络管理系统测评后方能进行实验签到与实验。

（2）实验中，由学生在教师指导下或者自主进行实验，原始数据或实验数据自行记录于实验报告及相关表格，经指导教师核查通过后方能离开实验室。

（3）实验后，学生独自整理和处理实验数据并在网上提交实验报告，由实验教学管理系统对报告进行自动批改、评分并汇总学生实验成绩（实验成绩占课程总成绩15%）。

## 四、实验教材/讲义

| 教材/讲义名称 | 编者 | 出版社 | 出版（编写）时间 | 教材/讲义 |
|---|---|---|---|---|
| 材料力学实验教程 | 王绍铭、邢建新、高芳清、熊莉、江晓禹 | 西南交通大学出版社 | 2009年6月 | 教材 |
| 材料力学实验指导（力学、土木类） | 高芳清、储节磊、罗会亮、熊莉 | / | 2014年6月 | 讲义 |
| 基础力学综合性提高性实验（Ⅱ） | 高芳清、储节磊、罗会亮、熊莉 | / | 2014年6月 | 讲义 |

## 五、实验内容安排和具体要求

（一）教学内容及要求

1. 低碳钢、铸铁拉压力学性能实验

（1）项目代码：6322010-1

（2）实验学时：4

（3）每组人数：3～4

（4）项目类型：验证性

（5）必开/选开：必开

（6）设备名称及台套数：

| 序号 | 设备名称 | 型号 | 台套数 | 备注 |
|---|---|---|---|---|
| 1 | 微机控制电子万能实验机（包括计算机、打印机） | WDW3100 | 10套 | |
| 2 | 投影仪 | / | 1台 | |
| 3 | 标距仪、游标卡尺等 | / | 4套 | |

注：峨眉与成都校区同时开设的实验，请在备注中填写峨眉校区实验室的设备台套数。

（7）主要耗材：

| 序号 | 耗材名称 | 备注 |
|---|---|---|
| 1 | 低碳钢拉伸试件 | Φ10 mm，10 个 |
| 2 | 低碳钢压缩试件 | Φ10 mm，10 个 |
| 3 | 铸铁拉伸试件 | Φ10 mm，10 个 |
| 4 | 铸铁压缩试件 | Φ10 mm，10 个 |

（8）实验内容简介：

① 掌握电子万能实验机的使用方法。

② 掌握金属材料拉伸、压缩的测试规范及方法。

③ 测试两种材料的拉伸压缩力学性能，并分析它们的差别。

④ 了解塑性材料拉伸各个阶段及其特点。

⑤ 了解两种材料的拉伸破坏方式。

2. 低碳钢拉伸时，E 值和 $\mu$ 值测定实验

（1）项目代码：6322010-2

（2）实验学时：4

（3）每组人数：3～4

（4）项目类型：验证性

（5）必开/选开：必开

（6）设备名称及台套数：

| 序号 | 设备名称 | 型号 | 台套数 | 备注 |
|---|---|---|---|---|
| 1 | 微机控制电子万能实验机（包括计算机、打印机） | WDW3100 | 10 套 | |
| 2 | 电阻应变仪 | YD88 | 10 台 | |
| 3 | 投影仪 | / | 1 台 | |

注：峨眉与成都校区同时开设的实验，请在备注中填写峨眉校区实验室的设备台套数。

（7）主要耗材：

| 序号 | 耗材名称 | 备注 |
|---|---|---|
| 1 | 电阻应变计 | 3 mm×5 mm，20 个 |
| 2 | 导线 | 50 m |
| 3 | 贴片工具（烙铁、焊锡、胶水等） | 10 套 |

（8）实验内容简介：

① 掌握电阻应变仪的使用方法。

② 掌握金属拉伸弹性模量与泊松比测试规范与方法。

③ 分析测试数据，计算 E、$\mu$ 值。

3. 低碳钢、铸铁扭转实验

（1）项目代码：6322010-3

（2）实验学时：4

（3）每组人数：3～4

（4）项目类型：验证性

（5）必开/选开：必开

（6）设备名称台套数：

| 序号 | 设备名称 | 型号 | 台套数 | 备注 |
|---|---|---|---|---|
| 1 | 微机控制扭转实验机（包括计算机、打印机） | RNJ-1000/<br>QBN-2000L/<br>QBN-10000L | 6 套 | |
| 3 | 投影仪 | / | 1 台 | |

注：峨眉与成都校区同时开设的实验，请在备注中填写峨眉校区实验室的设备台套数。

（7）主要耗材：

| 序号 | 耗材名称 | 备注 |
|---|---|---|
| 1 | 低碳钢扭转试样 | Φ15 mm，6 个 |
| 2 | 铸铁扭转试样 | Φ15 mm，6 个 |

（8）实验内容简介：

① 掌握扭转试验机的使用方法。

② 掌握金属材料扭转力学性能的测试规范与方法。

③ 判别屈服扭矩和最大扭矩，计算 $\tau_s$ 和 $\tau_b$ 。

④ 分析两种材料扭转力学性能的区别、断口形貌及破坏原因。

4. 直梁纯弯曲电测实验

（1）项目代码：6322010-4

（2）实验学时：4

（3）每组人数：2～3

（4）项目类型：验证性

（5）必开/选开：必开

（6）设备名称及台套数：

| 序号 | 设备名称 | 型号 | 台套数 | 备注 |
|---|---|---|---|---|
| 1 | 多功能实验台 | XL3418C | 16 套 | |
| 2 | 电阻应变仪 | DH3818 | 16 台 | |

注：峨眉与成都校区同时开设的实验，请在备注中填写峨眉校区实验室的设备台套数。

（7）主要耗材：

| 序号 | 耗材名称 | 备注 |
|---|---|---|
| 1 | 电阻应变计 | 3 mm×5 mm，80 个 |
| 2 | 导线 | 240 m |
| 3 | 贴片工具（烙铁、焊锡、胶水等） | 16 套 |

（8）实验内容简介：

① 掌握多功能实验台的使用方法。

② 掌握应变电测原理及电阻应变仪的使用方法。

③ 掌握验证纯弯梁理论的实验设计思路和数据处理方法。

④ 分析实验数据，撰写实验报告，分析误差产生的原因。

5. 应变片粘贴及组桥电测实验

（1）项目代码：6322010-5

（2）实验学时：4

（3）每组人数：2～3

（4）项目类型：综合性

（5）必开/选开：选开

（6）设备名称及台套数：

| 序号 | 设备名称 | 型号 | 数量 | 备注 |
|---|---|---|---|---|
| 1 | 多功能实验台 | XL3418C | 16 套 | |
| 2 | 电阻应变仪 | DH3818 | 16 台 | |

注：峨眉与成都校区同时开设的实验，请在备注中填写峨眉校区实验室的设备台套数。

（7）主要耗材：

| 序号 | 耗材名称 | 备注 |
|---|---|---|
| 1 | 电阻应变计 | 3 mm×5 mm，64 个 |
| 2 | 导线 | 200 m |
| 3 | 贴片工具（烙铁、焊锡、胶水等） | 16 套 |

（8）实验内容简介：

① 掌握应变电测原理中桥路连接方式及功能。

② 学习应变计粘贴的基本流程和注意事项。

③ 给定拉伸测试构件，张贴应变计，组成不同测试桥路，获取测试数据。

④ 分析实验数据，撰写实验报告。

6. 悬臂梁综合实验

（1）项目代码：6322010-6

（2）实验学时：4

（3）每组人数：2～3

（4）项目类型：综合性

（5）必开/选开：选开

（6）设备名称及台套数：

| 序号 | 设备名称 | 型号 | 数量 | 备注 |
|---|---|---|---|---|
| 1 | 多功能实验台 | XL3418C | 16 套 | |
| 2 | 电阻应变仪 | DH3818 | 16 台 | |

注：峨眉与成都校区同时开设的实验，请在备注中填写峨眉校区实验室的设备台套数。

（7）主要耗材：

| 序号 | 耗材名称 | 备注 |
|---|---|---|
| 1 | 电阻应变计 | 3 mm×5 mm，64 个 |
| 2 | 导线 | 200 m |
| 3 | 贴片工具（烙铁、焊锡、胶水等） | 16 套 |

（8）实验内容简介：

① 掌握应变电测原理和应变计的粘贴方法

② 根据待测悬臂梁，选定实验目的（例如，测定悬臂梁弯矩分布、端部夹持效应等）。

③ 根据实验目的，布置应变测点，加载，通过应变仪采集数据。

④ 分析实验数据，并与理论进行比较，撰写实验报告及设计过程心得体会。

注：

1. 项目代码为：XXXXXXX-01，XXXXXXX-02，……，前半段为课程代码，后半段为序号；

2. 项目类型为：演示性/验证性/综合性/设计研究/其他。

（二）自学内容和要求

根据实验教学网络管理系统预习提示，调研学习相应的基础实验知识和实验室安全知识，完成并提交预习报告，合格后方能预约实验。

附录 16

# 西南交通大学____________________实验报告

学号：________姓名：________班级：________组号：________同组人（姓名/学号）：________
实验名称：____________________________本次实验是本学期称所做的第___个实验
实验日期：_____年_____月_____日_____讲　指导教师/报告箱号：________________

实验目的：

实验仪器：

实验/实验电路图：

## 实验报告模板

学习体会、误差分析或实验设计：

附录 17

# 个性化实验项目指南模板

## 第____期个性化实验项目指南

- 实验中心：
- 项目名称：
- 实验地点：
- 学　　时：
- 指导教师：
- 联系方式：（电话或电子邮箱）
- 实验内容：（不少于 800 字）

- 相关课程：

- 学生应具备的基本技能：

- 对学生的要求：

附录 18

# 重点实验室向本科生开放的工程实践项目指南模板

## 第一部分　重点实验室简介

一、实验室概况

二、实验条件与环境

三、实验队伍情况

四、研究方向与特色

五、主要设备一览表

# 第二部分　指导教师简介

一、指导教师基本信息（性别、年龄、职称、职务、学历等）

二、承担教学工作情况介绍

# 第三部分　西南交通大学重点实验室开放的工程实践项目指南（第___期）

项目名称：

实验室名称：

实验地点：

学时：

指导教师：

项目主要内容：（不少于 800 字）

1. ……

　1）……

　2）……

2. ……

附录 19

# 西南交通大学实验教学记录表

**（20　—20　学年 第　学期）**

学　院　名　称 ________________________

实验室（中心）名称 ________________________

房　间　号 ________________________

资产与实验室管理处

# 填表说明

一、本记录表由实验指导教师在学生实验结束后填写，实验室主任或副主任签字认可；

二、本记录表将是各实验室（中心）的年终考核内容之一，不得弄虚作假；

三、学期结束后须将本记录表交主管实验室工作的学院领导签字并由各实验室（中心）保存备查。

资产与实验室管理处

实验室实验教学记录表　第__周　　　实验室主任签字：______

| 星期 | 讲次 | 课程名称 | 实验项目名称 | 实验类型 | 实验类别 | 学生班级 | 总人数 | 主要仪器设备 | | | 大纲要求 | | 实际开出情况 | | 指导教师签字 | 备注 |
|---|---|---|---|---|---|---|---|---|---|---|---|---|---|---|---|---|
| | | | | | | | | 主要仪器设备名称 | 总套数 | 在用数 | 学时 | 每组人数 | 学时 | 每组人数 | | |
| 一 | | | | | | | | | | | | | | | | |
| 二 | | | | | | | | | | | | | | | | |
| 三 | | | | | | | | | | | | | | | | |
| 四 | | | | | | | | | | | | | | | | |
| 五 | | | | | | | | | | | | | | | | |
| 六 | | | | | | | | | | | | | | | | |

注：1.“实验类型”是指：A—基础实验（演示、验证型实验）；B—综合设计型实验；C—研究探索型实验；

2.“实验类别”是指：A—基础课实验；B—专业基础课实验（技术基础课实验）；C—专业课实验；

3.“每组人数”指：每台（套）设备上参加实验的人数。

附录 20

# 西南交通大学实验耗材出入库记录表

| 序号 | 耗材名称 | 规格型号 | 单位 | 数量 | 价格 | 入库 | | 出库（领用） | | | 库存 | 领用人签字 |
|---|---|---|---|---|---|---|---|---|---|---|---|---|
| | | | | | | 数量 | 日期 | 数量 | 日期 | 用途（实验名称或工作内容） | 数量 | |
| | | | | | | | | | | | | |
| | | | | | | | | | | | | |
| | | | | | | | | | | | | |
| | | | | | | | | | | | | |
| | | | | | | | | | | | | |
| | | | | | | | | | | | | |
| | | | | | | | | | | | | |
| | | | | | | | | | | | | |

# 参考文献

[1] 冯晓云，郝莉，崔凯，等. 西南交通大学本科教学质量保障工作手册[M]. 成都：西南交通大学出版社，2018.

[2] 罗伯特·M. 戴尔蒙德. 课程与课程体系的设计和评价实用指南（修订版）[M]. 黄小苹，译. 杭州：浙江大学出版社，2006.

# 西南交通大学
# 国家级实验教学示范中心简介

## 土木工程实验教学中心

土木工程实验教学中心现有面积 9650 平方米，设备台套数 3364，设备总值 6790 万元。中心先后于 2007 年被评为省级实验教学示范中心，2008 年被评为国家级实验教学示范中心，2016 年被评为国家级虚拟仿真实验中心，2018 年获批国家虚拟仿真实验教学项目 1 项。中心实验教学内容主要涵盖了土木工程制图、建筑材料、土力学、水力学、结构实验与量测技术等课程。中心自主研发教学实验设备及装置 30 余种共 167 台套、虚拟环境选线实验教学系统 5 套及 4 套实验预习系统。中心有国家级教学名师 1 名，全国力学教学优秀教师 1 名，西南交通大学陆氏青年教师 2 名。近 5 年来中心人员承担国家自然科学基金项目 4 项、国家博士点基金项目 1 项、国家级 863 项目 2 项、教育部青年教师奖 1 项、省部级项目 12 项、横向项目 288 项，发表科研论文 332 篇，年均科研经费 1320 万元。

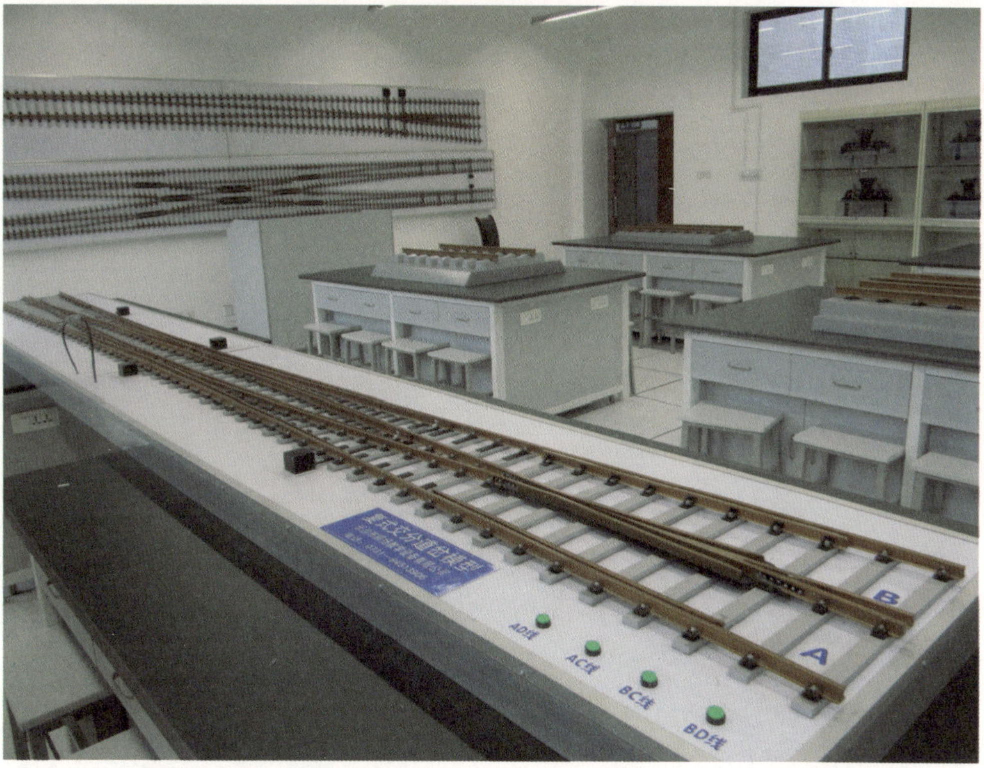


图 1　土木工程实验教学中心——土木工程轨道及道岔模型展示室

图 2　土木工程实验教学中心大厅

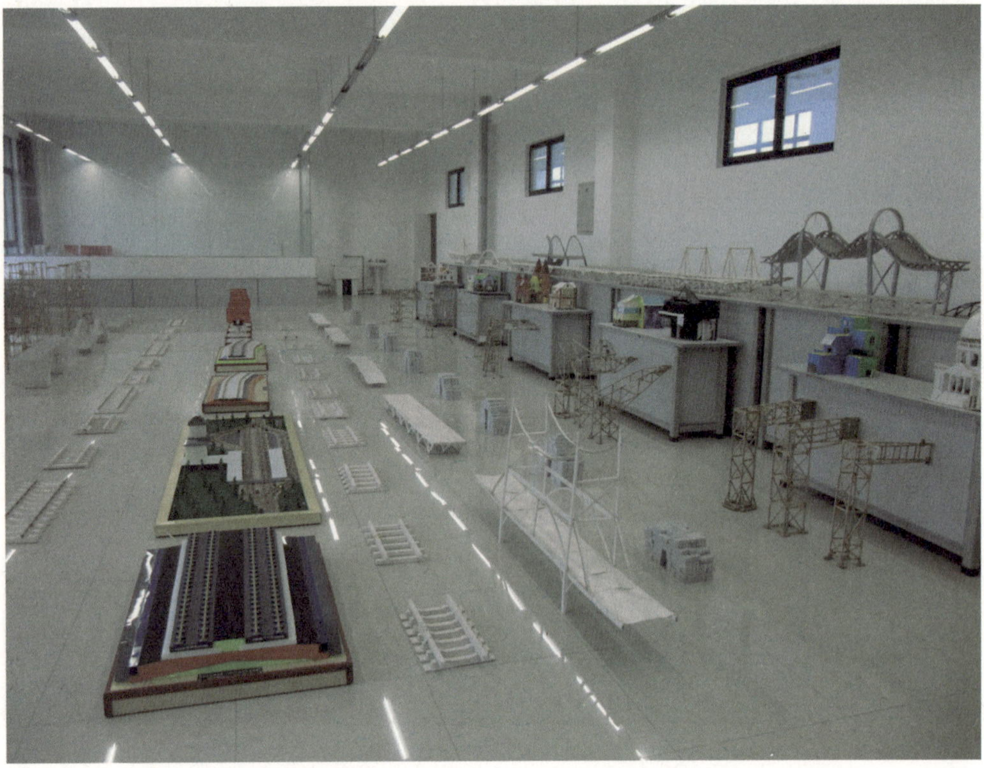

图 3　土木工程实验教学中心——土木科技月作品展示室

## 机械基础实验中心

机械基础实验中心位于犀浦校区 5 号教学楼，建筑面积 2874 余平方米，设备台套数 1397，设备总值近 1590 万元，年均实验生时数超过 10 万人学时。中心 2001 年被评为省级实验教学示范中心，2006 年被评为国家级实验教学示范中心。中心坚持以现代教育理念为先导、创新为动力，以实力雄厚的机械学科及首批国家工科机械基础课程优秀教学基地、首批国家机械基础教学团队为依托，取得了一批标志性的教学成果，共获得国家级教学成果奖 12 项，包括国家级教学成果一等奖 3 项，编写出版了 10 余种教材，自主研发的一批机械基础核心实验装置在全国推广应用，建成了国内领先、特色鲜明、示范作用显著的实验教学中心。中心近 5 年发表高水平科研论文 120 余篇，完成国家级、省部级科研项目 20 余项。

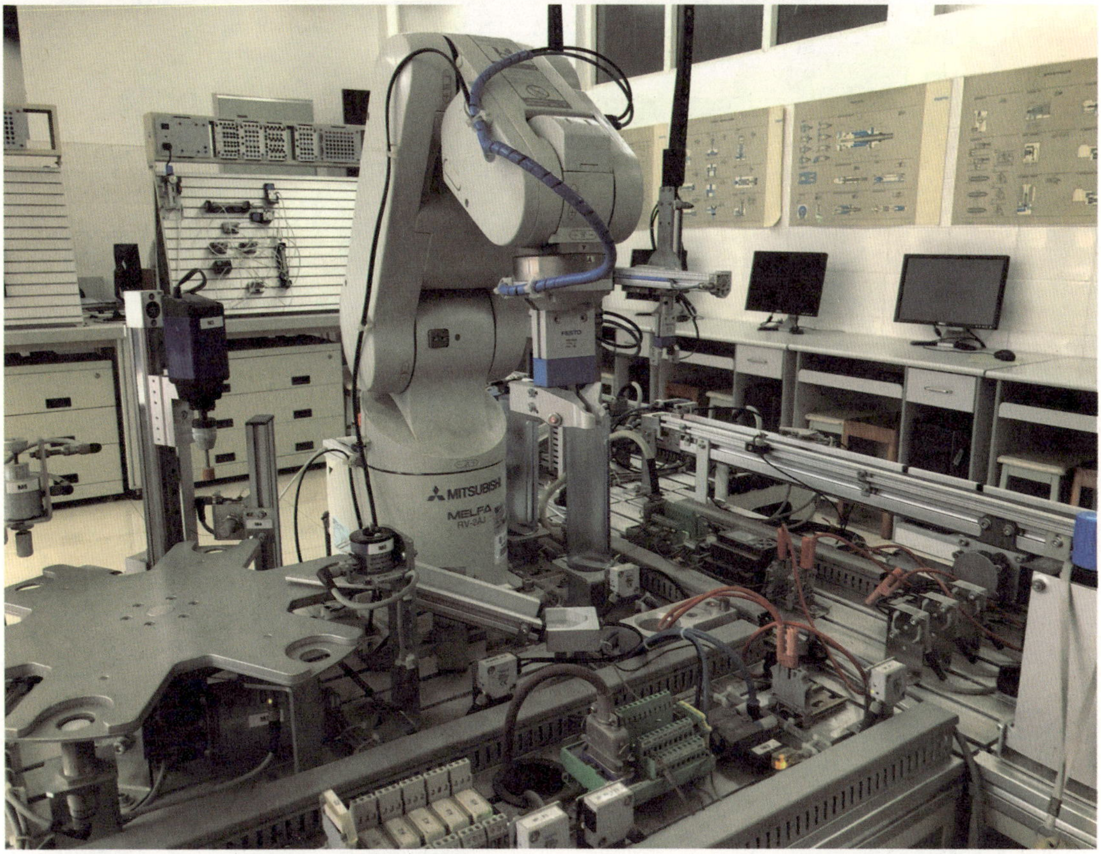


图 4　机械基础实验中心——现代生产过程自动化实验室

图 5　机械基础实验中心——机械传动综合设计实验室

图 6　机械基础实验中心——机电产品组合设计及控制实验室

## 电气工程基础实验中心

电气工程基础实验中心面积 4980 平方米，设备台套数 6014，实验设备总值 2038.7 余万元。中心 2001 年被评为省级实验教学示范中心，2007 年被评为国家级实验教学示范中心。中心面向全校工理管文四大类学科共 18 个学院的 38 个专业，开设实验课程 20 门，实验项目 309 项，年均实验生时数超过 26 万人学时。中心获国家级教学成果奖 4 项、国家精品课程 3 门、四川省教学成果奖 6 项、四川省级精品课程 7 门，承担国家、省级教学改革项目 13 项，获得国家“十一五”教材建设项目 6 项。中心建成 3 个共建实验室（罗克韦尔-西南交通大学实训实验室、西南交通大学-ALTERAEDA/SOPC 公司联合实验室和贝加莱-西南交通大学联合实验室）。

图 7　电气工程基础实验中心——罗克韦尔-西南交通大学实训实验室

图 8　电气工程基础实验中心——贝加莱-西南交通大学联合实验室

图 9　电气工程基础实验中心——电子技术实验室

## 轨道交通信息工程与技术实验教学中心

轨道交通信息工程与技术实验教学中心位于犀浦校区 9 号教学楼，建筑面积 6214 平方米，实验设备台套数 19936，设备总值 7882 万元，年均实验生时数超过 17 万人学时。中心主要依托全国排名第一的国家一级学科交通运输工程，充分发挥国家级特色专业挥通信工程、计算机科学与技术，教育部卓越工程师教育培养计划专业软件工程和自动化，以及教育部特色专业轨道交通信号与控制的优势，不断进行实验教学改革与创新，于 2016 年 1 月正式获批为“轨道交通信息工程与技术”国家级实验教学示范中心。中心紧扣交通信息类学科的专业特点，研究交通信息的采集、传输、处理与控制的基本理论和电子、通信、信息与控制技术在交通运输工程中的应用。因此，中心围绕轨道交通信息“采集”“传输”“处理”及“控制”的全过程，构建了“五平台、五层次”的 5 + 5 实验教学体系，形成了通信、计算机、软件、电子与自动化等多学科多专业交叉融合的基础、专业到工程应用的实验教学内容。

图 10　轨道交通信息工程与技术实验教学中心——城市轨道交通 ATC 仿真实验平台

图 11　轨道交通信息工程与技术实验教学中心——城市轨道交通实物车站系统

图 12　轨道交通信息工程与技术实验教学中心——列车车载及驾驶仿真实验系统

图 13　轨道交通信息工程与技术实验教学中心——地铁车辆段停车场综合自动化系统

## 交通运输实验中心

交通运输实验中心位于犀浦校区 5 号教学楼三层，现有面积 7082 余平方米，实验设备台套数 7538，设备总值 6155 多万元。中心 2007 年被评为省级实验教学示范中心，2009 年被评为国家级实验教学示范中心，2013 年被评为国家级虚拟仿真实验中心，2017 年获批国家虚拟仿真实验教学项目 1 项。中心面向全校 23 个专业，受益学生 3400 多人/年。中心借助现代计算机技术、仿真技术和形象建模技术等，搭建再现了交通运输系统组织结构、运作过程、人-机-环作用机理的模拟平台。中心主要承担交通运输信号、铁路车站及枢纽、行车组织、货运组织、客运组织、铁路运输、道路交通、交通管理与控制、交通工程学、交通系统仿真、驾驶员适应性检测、物流信息系统、物流设备与应用技术、采购与供应管理等 35 门课程的实验任务。

中心现有列车运行仿真与信号控制实验室、分散自律调度集中实验室、城市交通信号与控制实验室、编组站作业仿真实验室、交通行为安全实验室、驾驶员适应性检测实验室、道路交通运输设备认知实验室、轨道交通运输设备认知实验室、物流核心流程模拟实验室、物流中心运作演示实验室。

图 14　交通运输实验中心——城市交通信号控制实验室

图 15　交通运输实验中心——高速铁路综合调度指挥实验室

图 16　交通运输实验中心——轨道交通信号与控制实验室

图 17　交通运输实验中心——物流中心运作及演练实验室

## 材料实验中心

材料实验中心位于犀浦校区 5 号教学楼四、五层以及馆外实验区，现有面积 4325 平方米，实验设备 1821 余台套，价值 6982 余万元。中心 2001 年被评为省级实验教学示范中心，2012 年被评为国家级实验教学示范中心。中心现有专兼职教师及实验人员 71 人。实验教学面向材料、机械、力学、生物医学工程等专业的本科生，年均实验生时数超过 7 万人学时。中心不仅承担了课程教学实验、实习、个性化实验等教学任务，还承担了材料学院及相关专业的科学研究任务。目前中心年度开设实验项目 258 项，个性化实验项目 40 余项，工程实践型实验项目 37 项。

图 18　材料实验中心——显微分析互动实验室

图 19　材料实验中心——金相样品制备实验室

图 20　材料实验中心——硬度实验室

## 物理实验中心

物理实验中心位于犀浦校区6号教学楼二层，面积4100平方米，实验设备台套数3237，实验设备总值1776万元。中心2001年被评为省级实验教学示范中心，2007年被评为国家级实验教学示范中心。中心下设"基础实验室""综合设计型实验室""个性化实验室""仿真实验室""近代物理实验室""虚拟仪器实验室""演示实验室"和"光电专业实验室"，可开出基础型实验、综合设计型实验、个性化创新型实验、近代物理实验共计152个，以及5个系列的188个物理演示实验。实验内容涵盖了物理学的 力、热、光、电和综合五大部分。中心承担全校约5000名本科生的物理实验教学任务，每年实验生时数约32万人学时。中心形成了以学生为主导，以开放和创新为特点的向全校学生开放的公共基础实验平台。

图21　物理实验中心——光学实验室

图 22　物理实验中心——电学实验室

图 23　物理实验中心——演示实验室

## 力学实验中心

力学实验中心位于犀浦校区 5 号教学楼一、二层，拥有 4000 余平方米宽敞、明亮的教学实验室和人性化管理、开放式的实验教学环境。各类设备及装置 3133 台套，仪器设备资产总值超过 7180 万元，其中自制教学设备及实验装置 32 种 300 余台套。中心 2001 年被评为省级实验教学示范中心，2004 年被评为国家工科基础课程力学基地，2006 年被评为国家级实验教学示范中心。中心在全国率先研制出实验报告自动批改系统，对学生实验教学实施全过程智能型、网络化监控与管理，每年完成 7040 多名学生的实验教学，课内年生时数超过 10 万人学时。中心管理实施主任负责制，以及实施“一体化”建设与运行模式，专兼职教师 42 人，已形成职称结构、学历结构、年龄结构合理，且具有较高教学和学术水平的、稳定的实验教学师资队伍。近年来，中心主持国家级、省部级教改、科研等项目 40 多项，其中获得国家级、省部级教改、科研成果奖 16 项，编写实验教材与指导书 15 种，发表教学改革论文 200 余篇，科研论文 500 余篇。

图 24　力学实验中心——材料力学综合创新实验室

图 25　力学实验中心——个性化实验室